E

8° G.

10/8

LA
GÉOGRAPHIE PHYSIQUE

PAR

A. GEIKIE

Directeur du Geological Survey d'Écosse,
Professeur de Géologie et de Minéralogie à l'Université d'Édimbourg.

TRADUIT SUR LA HUITIÈME ÉDITION

PAR

HENRY GRAVEZ

Ingénieur.

Orné de 29 gravures

PARIS

LIBRAIRIE GERMER BAILLIÈRE ET Cie

108, BOULEVARD SAINT-GERMAIN, 108

Au coin de la rue Hautefeuille.

LA

GÉOGRAPHIE PHYSIQUE

INTRODUCTION

Supposons que nous sommes en été, que vous
vous trouvez à la campagne et que vous avez
pris jour pour une partie champêtre. Les uns
veulent cueillir des fleurs sauvages, les autres
ramasser des cailloux, quelques-uns enfin ne sont
poussés que par l'amour des excursions, des exer-
cices ou des aventures qu'elles peuvent amener.
Ce jour mémorable arrivé, vous vous éveillez dès
l'aurore, et grand est votre plaisir de trouver le
ciel clair et le soleil brillant. Il est convenu, cependant, qu'on ne partira qu'après déjeuner, et
vous vous occupez, en attendant, à préparer les
paniers, les cannes et tous les objets qui doivent vous servir pendant la journée.

Mais le ciel, si brillant le matin, commence à

s'obscurcir. Les rares nuages qu'on voyait d'abord
ont grossi et semblent se grouper pour une bourrasque. En effet, le déjeuner n'est pas fini que
déjà les premières gouttes menaçantes sont tom-
bées. Vous vous prenez à l'espoir que ce n'est là
qu'une averse qui sera bientôt passée, et vous
n'en continuez pas moins les préparatifs du voyage.
La pluie pourtant n'a nullement l'air de cesser.
Les larges gouttes tombent de plus en plus drues
et rapides ; des flaques d'eau commencent à se
former dans les creux de la route, et les vitres
ruissellent. Le cœur triste, vous devez abandonner
tout espoir de faire aujourd'hui votre excursion.

C'est sans doute un grand désappointement
de voir fuir de la sorte le plaisir qu'on s'était
promis ; mais voyons si nous ne pouvons tirer
quelque compensation de ce mauvais temps
même. Vers le soir, le ciel s'éclaircit un peu, et
la pluie cesse. Vous êtes tout heureux de pouvoir
sortir, et nous nous mettons tous en route. Des
filets d'eau bourbeuse courent encore sur les
pentes de la chaussée. Si vous me prenez pour
guide, je vous conseille de diriger notre promenade vers la rivière voisine. Nous suivons des
chemins humides et de verts sentiers, dont les

haies sont encore semées de gouttelettes, et
nous voici sur le pont, juste au-dessus du courant. Quel changement pour un jour de pluie !
Hier, vous pouviez presque compter les pierres
du fond, tellement l'eau était lente et limpide.
Regardez-la maintenant ! Elle remplit le lit bord
à bord et roule avec rapidité. Examinons-la un
peu du haut du pont. Nous voyons flotter à sa
surface d'innombrables feuilles et brindilles. De
temps en temps, une branche plus grosse, ou
même un tronc d'arbre tout entier, descend,
secoué et roulé par le courant. Des bottes de
paille ou de foin, des planches, des débris de
barrières, parfois un pauvre canard impuissant
à lutter contre les flots, passent sous nos pieds et
nous apprennent que la rivière est sortie de son
lit et a ravagé les fermes placées plus haut sur
son cours.

Nous restons quelque temps sur le pont, à considérer la course incessante et tumultueuse des
eaux et la variété constante des objets qu'elles
charrient. Vous commencez à croire que la perte
de votre excursion est compensée par le spectacle de cette rivière irritée et grossie, qui gronde
en poussant devant elle le lourd fardeau de ses

eaux troublées. Tandis que cette scène se déroule sous vos yeux, posez-vous quelques questions qui vous feront peut-être encore moins regretter le plaisir que vous promettait l'excursion.

En premier lieu, d'où vient toute cette masse d'eau nouvelle qui remplit la rivière? De la pluie, dites-vous. Parfaitement; mais comment s'est-elle réunie dans ce lit spacieux? Pourquoi la pluie n'a-t-elle pas couru le long du sol, sans former de rivière?

En second lieu, d'où vient la pluie? Ce matin, à l'aube, le ciel était clair; quelques nuages se montrèrent, puis la pluie, et vous me répondez que la pluie vient des nuages. Mais ces nuages, eux, ont tiré l'eau de quelque part. Comment puisent-ils la pluie et la laissent-ils descendre sur la terre?

En troisième lieu, pourquoi la rivière court-elle dans une direction plutôt que dans une autre? Aux eaux basses, alors que vous pouviez peut-être traverser son lit sur les pierres et le gravier, le courant, si faible qu'il fût, était cependant bien visible. Vous vîtes alors que l'eau se mouvait toujours dans le même sens, et aujourd'hui que le lit est rempli par le torrent tumultueux des eaux troublées, vous voyez que la direction du courant n'a pas changé. Pouvez-vous m'en dire la raison?

En outre, hier, l'eau était claire ; aujourd'hui, elle est trouble et foncée. Reportez chez vous un peu de cette eau bourbeuse et laissez-la reposer toute la nuit dans un verre. Demain matin, vous la trouverez claire, et une couche de limon se sera déposée sur le fond. C'est donc ce limon qui trouble la rivière grossie. Mais d'où vient-il? Evidemment il doit avoir quelque relation avec la pluie abondante et le grossissement du courant.

Cette rivière, haute ou basse, se meut donc toujours dans la même direction, et le limon qu'elle porte est entraîné vers le même point où va la rivière elle-même. Tandis que nous sommes ainsi sur le pont, examinant les eaux écumantes qui nous dépassent en tourbillonnant, cette question se présente à nous : Que devient toute cette vaste quantité d'eau et de limon?

Rappelez-vous, maintenant, que notre rivière n'est qu'une seule de toutes celles qui, par centaines, sillonnent ce pays, et que dans les autres contrées il y en a des milliers d'autres qui offrent ce même spectacle que nous avons sous les yeux.

Toutes grossissent après des pluies abondantes, toutes descendent leur cours, toutes transportent avec elles plus ou moins de limon.

Pendant notre retour à la maison, il sera bon de grouper quelques-uns des principaux traits de la journée. Nous avons vu que parfois le ciel est clair et bleu, le soleil brillant et chaud; que parfois des nuages traversent le ciel, et que leur réunion amène rapidement la pluie. Nous avons vu que la rivière coule, qu'elle grossit après la pluie et devient alors bourbeuse. Nous avons appris de cette façon qu'il y a une relation étroite entre le ciel qui couvre nos têtes et la terre qui s'étend sous nos pieds. Le matin, il semblait de peu d'importance que des nuages se réunissent au-dessus de nous, et cependant avant le soir ces nuages étaient cause que la rivière avait débordé, que des champs, des villages et des villes avaient été inondés, que bien des richesses, des vies humaines peut-être avaient été englouties.

Mais peut-être vivez-vous dans une grande ville et n'avez-vous aucune occasion de voir se dérouler les scènes que je viens de décrire; vous pourrez alors assez naturellement vous imaginer que ces choses n'ont guère d'intérêt pour vous. Cepen-

dant vous pouvez vous faire une idée très-juste
de la pluie et des torrents même dans les rues
d'une ville. Recueillez un peu d'eau de pluie dans
une assiette, vous la trouverez très-pure; mais
voyez-la, après cela, couler dans les ruisseaux,
elle est devenue tout à fait boueuse. Elle a balayé
toutes les poussières détachées du pavé par les
roues des voitures et le pied des passants et
les a entraînées dans les ruisseaux. Chacun de
ceux-ci devient de la sorte une rivière grossie.
Vous pouvez voir aussi que des brins de paille,
des bouchons, des débris de bois et une foule
d'autres objets perdus par les rues sont entraînés, comme les troncs d'arbres étaient em-
portés par la rivière. Ainsi donc, même en
ville, vous pouvez vous convaincre que les changements du ciel amènent des changements cor-
respondants sur la terre.

En réfléchissant un peu, vous vous rappellerez
beaucoup d'autres exemples de la manière dont
les incidents ordinaires de la vie de chaque jour
se relient entre eux. Aussi loin que vous reportent vos souvenirs, vous avez été familiarisé avec
le soleil, le vent, la pluie, les rivières, la gelée et
la neige; toutes ces choses sont devenues pour

vous si ordinaires que vous n'avez jamais songé
à vous en occuper. Peut-être ne pouvez-vous
vous les imaginer différentes de ce qu'elles sont;
elles vous paraissent si naturelles, si nécessaires,
qu'une personne qui vous demanderait de les
expliquer vous surprendrait fort. Mais, si vous
aviez vécu toute votre vie dans un pays où la
pluie ne tombe jamais et qu'on vous amenât dans
une contrée comme la nôtre pour y être témoin
d'une bourrasque comme celle d'aujourd'hui,
cela ne vous paraîtrait-il pas fort étrange? et n'en
demanderiez-vous pas très-naturellement l'ex-
plication? Supposez encore qu'un enfant, habitant
quelque chaude contrée du globe, vienne visiter
ce pays en hiver et voie pour la première fois de
la neige tomber et les rivières se geler : seriez-
vous surpris s'il manifestait un grand étonnement?
S'il vous demandait de lui dire ce que c'est que
la neige, pourquoi le sol est si dur et l'air si
froid, pourquoi les ruisseaux ne coulent plus
et se sont recouverts d'une croûte de glace,
pourriez-vous répondre à ses questions?

Ces questions, pourtant, ne se rapportent qu'à
des choses bien ordinaires, bien communes. Si
vous y réfléchissez, vous apprendrez peut-être

qu'il n'est pas aussi facile d'y répondre que vous
l'auriez imaginé. Ne supposez pas que, parce
qu'une chose est commune, elle est sans intérêt
pour vous. En réalité, rien n'est assez commun
pour ne pas mériter votre attention et ne pas
vous récompenser de vos peines.

Dans les pages qui vont suivre, je me propose
d'examiner avec vous quelques-unes de ces choses
si communes. Ne pensez pas cependant que j'aie
simplement le désir de vous exposer certaines
leçons, de vous faire apprendre par cœur quelques' rudiments de connaissance. Loin de là, je
voudrais que, non content de ce qui est dit dans
ce petit livre et dans d'autres, grands ou petits,
vous prissiez l'habitude de vous servir de vos
propres yeux et de voir par vous-même ce qui
se passe dans ce monde merveilleux qui est le
nôtre. Vous trouverez autour de vous en abondance les matériaux de cette enquête si agréable.
Aucune des excursions que vous pourriez faire par
monts ou par vaux, dans le seul but d'y trouver
du plaisir ou des aventures, ne vous donnera un
plaisir plus vif qu'une de ces courses où l'œil et
l'oreille, également ouverts, sont prêts à noter
les leçons de chaque jour, de chaque scène qui

se déroule devant vous. Rappelez-vous que, outre les livres imprimés dont vous vous servez à l'école ou chez vous, il y a le grand livre de la nature, où chacun de nous, jeune ou vieux, peut lire, et lire toute sa vie sans épuiser même une faible partie de ce qu'il peut vous apprendre.

C'est ce grand livre — l'air, la terre, la mer — que je voudrais ouvrir devant vous. Ne vous contentez pas de remarquer simplement tels ou tels évènements. Par exemple, pour en revenir à votre promenade à la rivière grossie, ne laissez pas passer un fait comme une tempête ou une inondation sans essayer d'en connaître quelque chose. Prenez l'habitude de poser des questions à la nature, comme nous le fîmes pendant notre retour au logis. Ne vous déclarez satisfait qu'après avoir trouvé la raison de ce que vous remarquez autour de vous. De cette façon, les choses même les plus ordinaires en viendront à offrir un nouvel intérêt pour vous. Partout où vous irez, vous trouverez quelque chose à remarquer, quelque chose qui ajoutera au plaisir que vous apporte le paysage. Vous apprendrez de la sorte à vous servir de vos yeux rapidement et correctement, et cette habitude de l'observation sera pour tous de la plus grande valeur, quelle que soit la route qui s'ouvre devant vous dans la vie.

Dans les pages qui vont suivre, je désire vous montrer les questions que peuvent vous inspirer quelques-unes des parties principales du livre de la nature et surtout deux d'entre elles : l'air et la terre. Chacun de nous doit savoir quelque chose de l'air qu'il respire, de la terre qu'il foule et de leurs relations. Notre promenade nous a montré quelque chose de ces relations, quand elle nous permit de rattacher la destruction des clôtures et des fermes à la formation des nuages dans le ciel. Il nous reste à découvrir beaucoup d'autres relations ; dans cette recherche, vous vous occuperez de science, de cette branche de la science qu'on appelle « géographie physique » et qui cherche à décrire la terre avec tous les mouvements qui s'effectuent à sa surface. L'entreprise où vous vous engagez n'est ni bien difficile ni sans intérêt. Vous allez simplement examiner d'un œil attentif les changements qui ont lieu continuellement autour de vous, vous efforcer de découvrir la signification de ces changements et comment ils se relient les uns aux autres.

CHAPITRE PREMIER

LA FORME DE LA TERRE

Avant d'observer ce qui se passe à la surface de la terre, il est bon que vous vous formiez une juste idée de la terre entière comme masse et que vous vous fixiez dans l'esprit quelques-uns des traits principaux de la connexité de la terre et du soleil.

Si vous vous trouvez au milieu d'un vaste pays plat, ou que vous portiez les yeux sur l'étendue de la mer, il vous semble que le monde où nous vivons, où nous nous mouvons est une grande plaine, aux limites de laquelle vous arriveriez en marchant assez loin devant vous. C'est la première notion que nous en avons tous, étant enfants. Ce fut aussi la ferme croyance de l'huma-

nité primitive. On pensait alors que le soleil et
la lune se levaient et se couchaient pour l'usage
exclusif des habitants de ce globe, et le ciel, avec
ses milliers d'étoiles, était regardé comme un
grand dôme de cristal couvrant la terre et repo-
sant sur elle.

Il vous est cependant facile de vous convaincre
que l'œil est déçu relativement à la surface plane de
la terre, et que ce qui semble tout à fait de niveau est en réalité une surface courbe. Dans une
vaste plaine, telle que beaucoup de parties du
centre et de l'est de l'Angleterre, vous ne pouvez
voir les arbres et les maisons plus loin que quatre
ou cinq milles. Si vous grimpez au sommet d'un
clocher, vous apercevrez beaucoup d'objets que
vous n'auriez pu voir en restant sur le sol. Et,
s'il se trouve dans le voisinage une ligne de
collines, vous découvrirez de leurs sommets un
nombre encore plus grand de points qui vous
étaient auparavant cachés. Plus haut donc vous
vous éleverez au-dessus du sol, plus loin vous
verrez.

Supposons maintenant que vous vous trouviez
au pied d'une haute falaise, et que vous aper-
ceviez au loin les voiles d'un vaisseau éloigné,

En gagnant le sommet de la falaise, vous verrez
non-seulement les voiles, mais le vaisseau tout
entier, et votre œil apercevra probablement des
vaisseaux encore plus loin, semblables à de simples points sur la ligne de jonction de la mer et
du ciel, et que vous n'auriez pu voir sur le
rivage.

Fig. 1. — Disparition d'un vaisseau en mer, due à la surface
courbe de la terre.

Supposons encore que, assis sur le bord de cette
falaise, vous examiniez quelque temps ces vaisseaux. Quelques-uns d'entre eux, si éloignés
d'abord qu'à peine pouvait-on les voir, commencent à devenir plus gros et plus distincts. Vous
discernez le sommet des mâts et des voiles ; peu
à peu, le reste de la voilure apparaît, et enfin les

GEIKIE. — XLIX.

coques elles-mêmes finissent par se montrer. Ces vaisseaux vous semblent avoir franchi ce qu'on regardait comme le bord du monde.

D'un autre côté, quelques-uns des vaisseaux qui d'abord étaient rapprochés de vous ont gagné graduellement ces mêmes points éloignés. Leurs coques plongent pour ainsi dire dans la mer, leurs voiles s'enfoncent lentement, et à la fin toute trace des vaisseaux a disparu.

Aussi, en faisant ces observations, vous avez réuni des faits qui prouvent que le monde où nous vivons n'est pas une plaine, mais qu'il a une surface courbe, en d'autres termes que c'est un globe. Employer ses yeux de cette façon, rechercher la signification de ce qu'on voit, n'est pas une tâche difficile ou ennuyeuse, et cependant vous ne faites rien moins que de la science d'observation, comme on l'appelle. En examinant l'aspect des vaisseaux qui vont et qui viennent, vous observez des *faits*. Quand vous groupez ces faits, que vous raisonnez sur leurs relations et leur signification, quand vous trouvez enfin qu'ils prouvent la rondeur de la terre, vous en tirez une *induction*. C'est cette union de l'observation et de l'induction qui fait la science.

Vous pouvez donc observer et prouver que la notion ancienne et assez naturelle touchant la surface plane de la terre est tout à fait fausse, et que, si plates que puissent paraître la terre et la mer, elles ne sont que les parties d'une vaste surface courbe. Si vous mettiez à la voile des côtes anglaises et que vous gardiez toujours la même direction générale, sans revenir sur vos pas, vous finiriez par revenir en Angleterre. Vous feriez le tour du monde en prouvant que c'est réellement un globe. La chose d'ailleurs a été souvent exécutée. On a fait beaucoup de voyages autour du monde, et, au lieu d'arriver au bord de celui-ci, les voyageurs ou les circumnavigateurs, comme on les appelle, ont toujours vu que la terre et la mer avaient cette même surface courbe qui s'étend en ce moment sous nos yeux.

Bien qu'il vous soit assez facile de croire que la surface de la terre est une courbe quand vous avez l'étendue de la mer sous les yeux, cependant, quand vous contemplez un paysage où le sol est fort irrégulier, tel par exemple qu'une région de hautes montagnes et de vallées profondes, vous éprouvez peut-être quelque difficulté à comprendre comment il est possible

qu'une surface aussi irrégulière puisse être regardée comme une partie de courbe. En réalité,
cependant, la terre est si grosse que même les

Fig. 2. — La terre et la lune, vues du soleil.

plus hautes montagnes ne sont en comparaison
que de petits grains à sa surface. Ce n'est que
quand la surface est de niveau, comme sur une

grande plaine ou sur la mer, que notre œil peut ordinairement juger de la forme réelle de la terre ; mais, même sur le sol le plus accidenté, la courbe est là, bien que nous puissions ne pas la remarquer.

Cette courbe, après tout, est très-douce. Vous pouvez voir les vaisseaux en mer pendant beaucoup de milles avant qu'ils se dérobent à la vue. Ce fait que la courbe est si douce nous montre que le cercle dont elle fait partie doit être d'un grand diamètre. Il a été mesuré par les astronomes, qui l'ont trouvé si grand que, si un train de chemin de fer pouvait faire le tour complet de la terre avec une vitesse de trente milles à l'heure sans s'arrêter, il serait plus d'un mois avant d'avoir complété le circuit.

CHAPITRE II

LE JOUR ET LA NUIT

Jour par jour, aussi loin que vous reportent vos souvenirs, vous avez été accoutumé à voir le soleil voyager à travers le ciel. Nuit par nuit, chaque fois que l'air était sans nuages, vous avez vu la lune et les étoiles voguer lentement sur votre tête. Vous ne pouvez être plus convaincu d'une chose que vous ne l'êtes de voir réapparaître le soleil demain et se mouvoir d'année en année comme il l'a fait dans le passé. Vous avez vu qu'un mouvement lent, régulier et incessant a lieu tout autour de la terre. Vous êtes-vous jamais demandé, émerveillé, quelle peut être la cause de ce mouvement? Quand le soleil brille, il fait chaud; quand les nuages obscurcissent le

ciel, l'air est plus frais, et la nuit, quand le soleil a tout à fait disparu, nous ressentons une
sensation de froid. De plus, pendant le jour, le
ciel est plein de lumière ; mais, quand le soleil
s'enfonce dans l'orient, l'obscurité commence.
Vous voyez par là que nous dépendons du soleil
pour la lumière et la chaleur. Il est évident que
nous ne pouvons bien comprendre ce qui se
passe sur la terre sans apprendre quelque chose
des relations de la terre avec le soleil.

Peut-être votre première impression a-t-elle été
la même que celle de l'humanité en général dans
le passé. On croyait la terre le point central et fixe
de l'univers, centre autour duquel le soleil, la
lune et les étoiles tournaient incessamment. Aujourd'hui encore, nous disons de ces corps célestes qu'*ils se lèvent et se couchent*, comme si nous
les regardions toujours comme accomplissant un
voyage autour de la terre.

Au lieu d'être le centre de l'univers, notre terre
n'est en réalité que l'un des innombrables corps
célestes qui gravitent incessamment autour du
soleil. Le soleil est la grande masse, le foyer central qui chauffe et éclaire la terre et autour duquel celle-ci décrit continuellement un cercle.

La succession du jour et de la nuit semble due aux mouvements du soleil, mais en réalité elle est causée par la *rotation* de la terre elle-même. Vous pouvez facilement éclairer la chose par un exemple. Faites tourner une toupie aussi rapidement que possible. Pendant un instant, elle semble rester immobile sur sa pointe, mais en réalité elle est douée d'un mouvement rotatoire des plus rapides. Imaginez une ligne passant par la pointe inférieure et par le sommet de la tige supérieure. Chaque point de la toupie tourne autour de cette ligne centrale, qu'on appelle *axe de rotation*. De la même façon, la terre tourne rapidement sur son axe.

Prenez maintenant une sphère terrestre ordinaire, et placez une bougie allumée à quelque distance, dans le même plan que le cercle de cuivre. Faites tourner le globe autour de son axe. Qu'on la laisse en repos, ou qu'on la fasse tourner rapidement, la moitié qui fait face à la bougie est éclairée et celle qui lui est opposée 'reste dans l'ombre. Si le globe est en repos, les lieux marqués sur un côté restent dans la lumière, tandis que ceux qui se trouvent du côté opposé demeurent dans l'ombre. En le faisant tourner, chaque point successivement arrive à la lumière et finit par rentrer dans l'ombre. Sans que la bougie ait changé de place, la rotation du globe amène alternativement la lumière et l'obscurité sur chacun des points de sa surface.

Au lieu de cette petite sphère qui nous a servi d'exemple, imaginez notre terre ; au lieu de cette faible bougie, imaginez le soleil, et vous comprendrez comment la rotation de la terre peut apporter successivement la lumière et l'ombre à chaque pays.

Vous ne devez pas supposer qu'il y ait aucune tige véritable traversant la terre pour former l'axe autour duquel elle tourne. L'axe n'est qu'une ligne imaginaire, et les deux points opposés où elle traverse la surface, où par conséquent les bouts de la tige apparaîtraient si l'axe était une chose réelle et visible, sont appelés le *pôle Nord* et le *pôle Sud*. Ils sont représentés par les deux petites pointes qui fixent la sphère scolaire.

La terre tourne autour de cet axe une fois toutes les vingt-quatre heures. Pendant tout ce temps, le soleil brille constamment et fixement dans le ciel, mais seules, les parties de la terre qui, à un moment donné, se trouvent tournées

vers lui, peuvent capter sa lumière. Il doit toujours y avoir un côté brillant et un côté obscur,
de même qu'il y avait tantôt un côté brillant et
un côté obscur quand vous placiez votre globe
en face d'une bougie. Vous pouvez voir aussi que
si la terre était immobile, la moitié de sa surface
ne verrait jamais aucune lumière, tandis que
l'autre moitié ne connaîtrait pas l'obscurité. Elle
tourne donc, et chacune de ses parties est alternativement illuminée et obscure. Quand nous
recevons la lumière du soleil, nous avons le *jour*;
quand nous sommes du côté obscur, nous avons
la *nuit*.

Le soleil semble se mouvoir de l'est à l'ouest.
Le mouvement réel de la terre est nécessairement l'inverse de celui-là, c'est-à-dire de l'ouest
à l'est. Le matin, nous pénétrons dans la lumière
qui nous apparaît à l'orient. Peu à peu, le soleil
semble s'élever dans le ciel, jusqu'à ce que nous
nous trouvions juste en face de lui à midi, et peu
à peu il s'enfonce pour se coucher à l'ouest, la
terre, dans sa rotation constante, nous reportant
dans l'obscurité. Même la nuit, cependant, nous
pouvons suivre encore le mouvement de la terre
à la manière dont les étoiles se lèvent et se cou-

chent, une à une, jusqu'au moment où leurs lu-
mières, plus faibles, se fondent dans l'éclat du
jour nouveau.

Tandis que la terre tourne sur son axe, elle
décrit un cercle autour du soleil. Ce mouvement
s'appelle la *révolution* de la terre dans son *orbite*.
Pour faire ainsi le tour complet du soleil, la terre
doit parcourir un cercle, une orbite si grande,
qu'il lui faut trois cent soixante-cinq jours pour
accomplir son voyage, bien qu'elle se meuve avec
une vitesse moyenne d'environ quatre-vingt-dix
milles par seconde.

Le mouvement de rotation divise le temps en
jours et en nuits ; le mouvement de révolution dé-
termine les années. La terre est ainsi notre grande
horloge.

CHAPITRE III

L'AIR

I. — De quoi l'air est fait.

Quand nous commençons à considérer attentivement le monde qui nous entoure, une des premières choses qui nous fassent réfléchir est l'air. Nous ne le voyons pas et cependant il est présent, partout où nous allions. Tantôt il souffle sur nous en douce brise, tantôt il balaye tout en tempête furieuse. Qu'est-ce que l'air ?

Bien qu'invisible, c'est pourtant une substance réelle, matérielle. En levant et en abaissant rapidement le bras, vous sentez sur la main la résistance de l'air. Cet air, vous pouvez donc le sentir, quoique vous ne puissiez le voir. Vous le respirez

à chaque instant. Vous ne pouvez vous en débarrasser. Il entoure la terre de toutes parts. On
donne à cette enveloppe extérieure d'air le nom
d'atmosphère.

Une expérience de chimie élémentaire vous apprend que l'air n'est pas une substance simple,
mais un mélange de deux gaz invisibles, l'azote
et l'oxygène ; mais, outre ces deux éléments principaux, il contient aussi de petites quantités d'autres substances, quelques-unes visibles, d'autres
invisibles. Si vous fermez les volets d'une chambre et que vous laissiez pénétrer la lumière du
soleil par une fente ou un trou, vous pouvez aper-
cevoir quelques-unes des particules visibles de
l'air. Des milliers d'atomes, de particules de poussière traversent le rayon de lumière qui les rend
visibles au milieu de l'obscurité voisine, tandis
qu'ils disparaissent en plein jour. Mais ce sont
surtout les parties invisibles de l'air qui ont la plus
grande importance, et parmi elles il en est deux
dont vous devez spécialement vous souvenir, la
vapeur d'eau et le *gaz acide carbonique*. Vous verrez bientôt pourquoi il est nécessaire que vous les
distinguiez.

Qu'est-ce donc que cette vapeur d'eau ? Pour

en comprendre la nature, examinez une bouilloire sur le feu. De l'orifice du bec s'échappe un
nuage blanc qui se répand dans l'air. Ce nuage
est continuellement en mouvement ; ses bords
disparaissent, mais sont aussitôt remplacés par
des matériaux nouveaux, fournis par la bouilloire.
L'eau de cette dernière diminue constamment, et
enfin, si vous ne la remplissez, tout se sera éva-
poré, et le vase se trouvera à sec. Qu'est devenue
toute cette eau ? Vous l'avez changée en vapeur.
Elle n'est pas détruite ni perdue en aucune façon ;
elle n'a fait que passer d'un état à un autre, de
la forme liquide à la forme gazeuse, et elle est
maintenant dissoute dans l'air.

L'air contient toujours plus ou moins de vapeur d'eau, bien que vous ne puissiez pas la voir
tant qu'elle reste à l'état de vapeur. Elle donne
naissance aux nuages, au brouillard, à la pluie et
à la neige. Si l'on en débarrassait l'air, tout séche-
rait sur la terre et la vie deviendrait impossible.
A mesure que vous connaîtrez mieux les changements qui ont lieu de jour en jour autour de
vous, vous en viendrez à voir que cette vapeur
d'eau y joue le principal rôle.

Le gaz acide carbonique est aussi l'une des

substances invisibles de l'atmosphère, et, quoiqu'il
ne forme que les quatre dix millièmes de celle-
ci, il en constitue cependant un élément important. Vous comprendrez toute son importance si
je vous dis que c'est de cet acide carbonique con-
tenu dans l'air que toutes les plantes que vous
voyez croître sur la terre tirent la presque totalité
de leur substance solide.

Quand une plante meurt et se décompose,
l'acide carbonique est restitué à l'air. D'un autre
côté, les plantes servent pour une large part à la
nourriture des animaux, qu'elles aident à former
la charpente de leurs corps. Les animaux, en res-
pirant, dégagent de l'acide carbonique, et, quand
ils meurent et que leurs corps se décomposent,
cette même substance est encore rendue à l'atmosphère. L'acide carbonique de l'air sert donc
à former tout à la fois la structure des plantes et
des animaux, et il est restitué quand ces êtres vivants cessent de vivre. Il y a un perpétuel va-et-
vient de cet élément entre l'air et les règnes animal et végétal.

II. — Échauffement et refroidissement de l'air.

Vous savez, quoique vous ne puissiez voir l'air, que vous pouvez le sentir quand il se meut. Une brise légère, un vent violent ne seront pas plus perceptibles à l'œil qu'un air tranquille, et cependant nous pouvons sentir aussitôt leur mouvement. L'air tranquille lui-même peut se rendre sensible d'une autre façon, c'est-à-dire par sa *température*. L'air en effet, comme les choses visibles, peut être chauffé et refroidi.

Cet échauffement et ce refroidissement de l'air sont bien prouvés par ce qui se passe dans une habitation. Si vous passez d'une chambre chauffée, un jour d'hiver, à l'air extérieur que n'agite aucun vent, vous éprouvez une sensation de froid. D'où vient cette sensation? De rien que vous puissiez voir, car vos pieds, bien qu'appuyés sur le sol gelé, sont protégés par le cuir et ne sentent pas encore le froid. C'est l'air qui est froid, qui vous enveloppe de tous côtés et vous prive de votre chaleur; votre peau, en même temps, dégage de la chaleur *rayonnante* dans l'air. D'un

GEIKIE. — XLIX.   3

autre côté, si, après être resté quelque temps à
l'air glacé de l'hiver, vous rentrez dans la chambre, vous éprouvez une sensation d'agréable chaleur. Ici encore, cette sensation ne vient d'aucun
objet visible, mais de l'air invisible qui est en
contact avec chaque point de votre épiderme et
que vous dépouillez de sa chaleur.

L'air donc peut être tantôt chaud, tantôt froid
et rester quand même tout à fait invisible. Nous
pouvons au moyen du thermomètre mesurer de
légers changements de température, que même
la peau la plus sensible ne pourrait découvrir.

Maintenant, comment se fait-il que l'atmosphère soit tantôt chaude, tantôt froide? D'où
vient la chaleur, comment l'air s'en empare-t-il?

Reprenons l'exemple de la maison. En hiver,
quand l'air est vif et glacé au dehors, il est chaud
et agréable à l'intérieur, parce qu'on y entretient du feu. La combustion de la houille et du
bois produit de la chaleur, et la chaleur ainsi produite échauffe l'air. Ainsi donc, c'est par le dégagement, par la *radiation* de la chaleur de quelque
substance en ignition, que l'air de nos maisons
est plus chaud que l'air extérieur.

C'est aussi, en réalité, de la radiation d'un corps

chauffé que l'air extérieur tire sa chaleur. En été, cet air est quelquefois beaucoup plus chaud qu'il ne l'est d'ordinaire en hiver dans nos maisons. Toute cette chaleur vient du soleil, qui est une énorme masse chauffée, envoyant sans relâche de la chaleur dans toutes les directions.

Mais, si le soleil verse continuellement de la chaleur sur la terre, pourquoi l'air est-il jamais froid ? Placez un écran entre vous et un feu brillant, et vous sentirez immédiatement qu'une partie de la chaleur du foyer a été interceptée. Quand le soleil brille, exposez quelque temps votre main à ses rayons, et puis placez un livre entre cette main et le soleil. D'abord votre peau était chauffée ; mais, du moment où vous la placez dans l'ombre, elle se refroidit. Le livre a intercepté la chaleur qui passait directement du soleil à votre main. Quand on sent que l'atmosphère est froide, c'est que quelque chose est venu se mettre en travers et empêcher la chaleur du soleil de nous atteindre directement.

Les nuages interceptent la chaleur directe du soleil. Vous avez dû souvent remarquer le changement de température, quand, après que le soleil a brillé un certain temps, un nuage vient se mettre entre lui et la terre. Immédiatement une sensation de froidure est ressentie, sensation qui disparaît dès que le nuage, continuant sa route, laisse reparaître le soleil.

L'air lui-même absorbe une partie du calorique, et plus est épais l'air que la chaleur doit traverser, plus il absorbe de cette chaleur.

En outre, plus les rayons de chaleur sont obliques, plus ils deviennent faibles. A midi, par exemple, le soleil est élevé dans le ciel. Ses rayons (fig. 3, B) sont alors les plus rapprochés de la verticale, et ils ont aussi la plus faible épaisseur d'air à traverser pour nous atteindre. Pendant qu'il descend, l'après-midi, ses rayons s'obliquent de plus en plus et doivent aussi franchir des épaisseurs d'air constamment croissantes (C, dans le diagramme). Il en résulte que le milieu du jour est beaucoup plus chaud que le matin ou le soir. La nuit, quand le soleil a cessé de briller, sa chaleur ne chauffe plus directement la partie de la terre qui se trouve dans l'ombre. Cette partie non-seulement n'en reçoit plus de chaleur, mais elle cède même de la chaleur rayonnante à l'air froid. La nuit est ainsi beaucoup plus froide que le jour.

Enfin, en été, le soleil de midi se trouve plus directement au-dessus de nos têtes qu'en hiver. Sa chaleur descend moins obliquement, et la couche d'air qu'elle doit traverser est moins épaisse ; on la sent donc beaucoup mieux qu'en hiver, alors que, comme vous savez, le soleil,

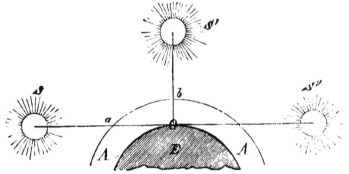

Fig. 3. — Diagramme montrant l'influence de l'épaisseur variable de l'atmosphère sur l'absorption de la chaleur du soleil. S, position du soleil le matin; S', position du soleil à midi; S", position du soleil le soir; Oa, ligne des rayons solaires le matin; Ob, ligne des rayons solaires à midi.

dans notre partie du monde, n'atteint jamais le haut du ciel, même à midi.

Tout cela démontre à l'évidence que nous tirons notre chaleur du soleil, et que toute chose qui vient se mettre entre nous et le soleil interrompt cette chaleur et nous donne la sensation du froid.

Cependant, si nous dépendions pour notre chaleur uniquement des rayons directs du soleil, nous n'aurions chaud que quand le soleil brille. Un jour nuageux serait extrêmement froid, et toutes les nuits seraient aussi intensément glacées qu'elles le sont en hiver. Tel n'est pas le cas cependant. Les jours couverts sont souvent très-chauds, et nous savons très-bien que les nuits ne sont pas toujours très-froides. La chaleur du soleil doit s'emmagasiner de quelque façon, de manière à se faire sentir même quand il ne brille pas.

Ayons encore recours à notre premier exemple. Si vous placez le dos d'une chaise en face du feu, il s'échauffe bientôt tellement que vous pouvez à peine y porter la main. Reportez la chaise dans un coin de la chambre, elle est bientôt refroidie. Une partie de la chaleur du feu a donc été absorbée par le bois et restituée ensuite.

De la même façon, pendant l'été, le sol s'échauffe ; il devient même parfois si chaud dans certains endroits que nous pouvons à peine y tenir la main. Dans les pays chauds, cet effet s'éprouve beaucoup mieux qu'en Angleterre. Le sol et les pierres absorbent rapidement la chaleur, c'est-à-dire qu'ils s'échauffent et se refroidissent vite. Quand ils ont été chauffés par le soleil, l'air s'échauffe à leur contact et garde sa chaleur plus longtemps qu'eux ; aussi, quand pendant la nuit le sol et les pierres sont gelés, l'air qui est au-dessus d'eux n'est pas aussi glacé. D'un autre côté, quand la surface du sol est froide, elle re-froidit l'air qui la baigne. Le sol se débarrasse facilement de sa chaleur, et une immense quan-tité de chaleur rayonne ainsi, la nuit, de la ter.e dans les froides étendues de l'espace stellaire. Des quantités beaucoup plus grandes de chaleur seraient cependant perdues par cette cause si l'abondante vapeur aqueuse de l'atmosphère n'en absorbait une partie et n'agissait comme une sorte d'écran pour retarder la radiation. C'est pour cette raison que dans les climats chauds, où l'air est très-sec, c'est-à-dire contient une faible proportion de vapeur d'eau, les nuits sont relati-vement plus froides qu'elles ne le sont dans d'au-tres pays où l'air est plus humide. De la même manière, les nuages empêchent la chaleur de s'échapper, et c'est pourquoi les nuits à ciel cou-vert ne sont pas aussi froides que celles dont le ciel est clair et semé d'étoiles.

L'atmosphère est donc échauffée ou refroidie suivant qu'elle recouvre une partie chaude ou froide de la surface de la terre, et, au moyen de sa vapeur áqueuse, elle sert à emmagasiner et à distribuer cette chaleur, épargnant ainsi à la terre les climats extrêmes qui s'établiraient autrement.

III. — Ce qui arrive quand l'air s'échauffe et se refroidit. — Le vent.

L'eau qui recouvre une surface chaude s'échauffe ; l'air qui touche une surface froide se refroidit. Ces différences dans la température de l'air donnent naissance aux vents.

L'air chaud est plus léger que l'air froid ; vous avez appris, en physique, comment la chaleur dilate les corps. C'est cette expansion de l'air, cet éloignement plus grand de ses particules, qui le rend moins dense ou moins pesant que l'air froid, dont les particules sont plus rapprochées. Comme conséquence de cette différence de densité, l'air chaud, plus léger, s'élève ; l'air froid, plus lourd, descend. Vous pouvez facilement vous en rendre compte par l'expérience. Prenez

un tisonnier, et faites-en chauffer le bout dans
le feu, jusqu'au rouge. Retirez-le et suspen-
dez de petits morceaux de papier très-léger à
quelques pouces au-dessus de la surface chauffée.
Les morceaux de papier seront aussitôt soulevés
en l'air. Ce fait a pour cause que l'air chauffé par
le tisonnier s'élève immédiatement et est rem-
placé par de l'air plus froid qui, chauffé à son
tour, s'élève de la même façon. Le courant d'air
ascensionnel s'affaiblit à mesure que le fer se
refroidit et cesse enfin quand il est à la même
température que l'air environnant.

C'est sur ce principe que repose la construction
de nos foyers. Le feu n'est pas allumé sur l'âtre,
car alors il ne tirerait pas assez d'air par le dessous et s'éteindrait. On le place à une certaine
distance au-dessus du sol, et on le surmonte d'une
cheminée. Aussitôt que le feu est allumé, l'air
qui l'entoure s'échauffe et commence à monter,
et l'air de la chambre est attiré par le dessous
pour prendre la place de celui qui s'élève. Tout
l'air qui se trouve au-dessus de la houille qui
brûle devient plus chaud et plus léger; il remplit
la cheminée, entraînant avec lui la fumée et les
gaz. Vous devez comprendre que, si agréable

que soit en hiver la vue d'un feu bien brillant,
nous n'en tirons pas toute la chaleur qu'il peut
donner. Au contraire, une grande partie de cette
chaleur s'échappe par la cheminée et, à l'excep-
tion de ce qu'absorbent les murs, s'en va échauffer
l'air extérieur.

Ce qui se passe en petit dans nos maisons a
lieu dans la nature sur une échelle beaucoup plus
grande. Comme nous l'avons déjà montré, le
soleil est la grande source de chaleur qui chauffe
et éclaire notre globe. Tandis que la chaleur du
soleil traverse l'air, elle échauffe très-peu celui-ci
et va directement tomber sur la surface de la
terre. Vous savez qu'en été les rayons directs du
soleil sont assez chauds pour brûler votre figure,
et cependant, si vous posez sur votre tête ne fût-
ce qu'une mince feuille de papier, juste assez
pour arrêter ces rayons, la sensation de chaleur
brûlante disparaît aussitôt, bien que le même air
n'ait pas cessé de se jouer autour de vous.

La terre et les mers sont également chauffés
par les rayons solaires et provoquent dans l'air
les mêmes changements que nous avons vus dans
nos foyers. La couche d'air qui est en contact
avec la terre chauffée s'échauffe elle-même. De-

venue par là plus légère, elle s'élève et est remplacée par de l'air plus froid, qui s'écoule des
points voisins pour venir prendre sa place. Ce
courant d'air, c'est le *vent*.

Il vous est souvent facile d'assister à la naissance du vent. Supposons, par exemple, que pendant l'été vous passiez quelque temps au bord
de la mer. Le matin et pendant la première partie du jour, on remarquera souvent une brise légère, soufflant de la mer vers la terre. A mesure
qu'avance le jour et qu'augmente la chaleur, ce
vent disparaît. Après un certain temps, aux approches du soir, on peut remarquer une nouvelle
brise, s'élevant du point opposé et soufflant avec
une délicieuse fraîcheur de la terre vers la mer.
Ces brises sont le résultat de l'échauffement et du
refroidissement inégal de la mer et de la terre.

Étudions la chose. Par une chaude journée, les
pierres et le sol deviennent brûlants sous les
rayons solaires, et cependant, si vous vous bai-
gnez dans la mer à ce moment, vous sentez que
les eaux ont une fraîcheur agréable. Ce fait montre que la terre s'échauffe plus rapidement que
la mer. Cette chaude journée finie, vous trouverez que pendant la nuit la surface de la terre

est devenue beaucoup plus froide que la mer,
parce qu'elle se sépare de sa chaleur beaucoup
plus rapidement que celle-ci. Pendant le jour, la
terre échauffée chauffe l'air au-dessus d'elle ; cet
air, devenu plus léger, s'élève. Alors l'air plus
froid et plus lourd qui se trouve au-dessus de la
mer s'écoule vers la terre en brise de mer froide
et rafraîchissante. La nuit, cet état de choses est
renversé, car alors l'air qui recouvre la terre refroidie, étant lui-même plus froid et plus pesant
que celui qui couvre la mer plus chaude, s'écoule
vers la mer en froide brise de terre.

Prenez une sphère, et remarquez quelques-unes
des lignes qui y sont tracées. A mi-chemin entre
les deux pôles, vous voyez une de ces lignes qui
court le long de la partie la plus proéminente
du globe. Elle s'appelle l'*équateur* et divise le
globe, comme vous voyez, en deux moitiés ou
hémisphères. Sur les parties du globe que traverse cette ligne, et sur un certain espace de chaque côté, le soleil brille avec une chaleur intense pendant toute l'année. L'air est constamment chauffé à un haut degré et forme des courants ascendants. Mais, pendant que l'air chaud
qui se trouve le long de cette ceinture centrale

s'élève dans les régions supérieures de l'atmosphère, l'air plus froid du nord et du sud s'écoule
le long de la surface pour prendre sa place. Ce
courant d'air constant vers les régions équatoriales forme ce qu'on appelle les vents alizés. La
régularité de ces vents, et la façon dont peut compter sur eux la navigation, leur ont fait donner
par les Anglais le nom de « vents du commerce ».

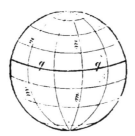

Fig. 4. — Sphère terrestre. *qq*, équateur ; *mm*, méridiens.

Une autre source importante de mouvements
dans l'atmosphère, brises légères ou tempêtes
furieuses, provient des changements dans la
quantité de vapeur d'eau en suspension dans l'air.
Cette vapeur étant plus légère que l'air, un mélange de vapeur et d'air est plus léger que la
même quantité d'air, et naturellement, plus la
somme de vapeur augmente, moins dense devient
le mélange. Quand, par conséquent, une grand

quantité de vapeur se répand dans l'air en un point quelconque de la surface de la terre, il en résulte que l'air de cette région s'élève et que l'air environnant qui renferme moins de vapeur y afflue de tous côtés. Si cette action a lieu très-rapidement, elle donne naissance aux tempêtes.

IV. — La vapeur dans l'air. — Évaporation et condensation.

Une des substances les plus importantes contenues dans l'air est, comme nous l'avons indiqué, la vapeur d'eau. Essayons tout d'abord de voir comment elle s'introduit dans l'air et comment elle en sort. Dans ce cas, comme dans ceux qui précèdent, vous verrez que les grandes questions de la science comportent souvent d'être simplement et rapidement démontrées par les choses les plus familières.

Dans une chambre chaude, où un bon feu a brûlé tout le jour, où un certain nombre de personnes ont été réunies, vous pouvez supposer que l'air doit être passablement sec. Apportez cependant un bol d'eau glacée dans cette chambre, et remarquez ce qui arrive. Vous voyez l'extérieur du verre se couvrir immédiatement d'une mince couche de buée. En quelques minutes, des gouttes d'eau se forment au sein de cette buée, grossissent, et enfin, en se réunissant, quelques-unes ruissellent le long du bol.

Vous avez dû remarquer aussi que, par les nuits très-froides, les fenêtres des chambres à coucher ou des salles publiques encombrées ruissellent d'eau à l'intérieur.

Maintenant, dans tous ces cas, d'où vient l'humidité ? Elle ne sort certainement pas du verre. Elle dérive de la vapeur d'eau contenue dans l'air. Le mot de vapeur est souvent employé pour désigner quelque brouillard visible ; mais cette forme d'humidité n'est pas à proprement parler de la vapeur dans le sens scientifique. La vapeur aqueuse de l'air est toujours invisible, même quand l'air en est saturé, et vous ne pouvez réellement voir quelque chose qu'au moment où elle repasse à l'état d'eau.

Quand la vapeur invisible dissoute dans l'air devient visible, comme dans les brouillards, les nuages, la rosée ou la pluie, on dit qu'elle est *condensée*, et ce procédé de liquéfaction s'appelle *condensation.*

La quantité de vapeur que l'air peut contenir varie avec la température, l'air chaud pouvant en contenir plus que l'air froid. Vous pouvez le démontrer d'une façon fort simple. Chaque fois que vous respirez, vous exhalez une certaine quantité de vapeur d'eau ; quand l'air est chaud, cette vapeur invisible, aussitôt qu'elle est sortie de votre bouche, se mélange avec l'air extérieur et y reste dissoute. Mais, si vous refroidissez votre haleine au sortir de la bouche, la vapeur se condense aussitôt en humidité visible. Prenez un miroir, par exemple, ou toute autre surface froide, et respirez dessus ; la vapeur qui vient de vos poumons se trahit aussitôt par le brouillard qui s'étend sur la glace, parce que l'air se refroidit au contact de cette surface et ne peut retenir autant de vapeur, dont une partie se condense. Pendant l'hiver, vous n'avez pas besoin de miroir pour rendre visible la vapeur de la respiration, car l'air froid qui vous entoure condense aussitôt cette vapeur à sa sortie de la bouche et forme le fin nuage, le brouillard qui apparaît à chacune de vos exhalations.

A mesure que l'air se refroidit, son pouvoir de retenir la vapeur diminue. Quand il devient plus

froid que la température à laquelle il est capable
de garder dissoute sa provision de vapeur, l'excès
de celle-ci se condense et devient visible. La température à laquelle ce changement a lieu est le
point de saturation, ou point de rosée.

Peut-être demanderez-vous comment cette vapeur si universellement présente s'introduit dans
l'atmosphère, et quelle est son origine. Si vous
versez un peu d'eau dans une assiette et que vous
la placiez en plein air, vous remarquerez, après
un jour ou deux, que l'eau a sensiblement dimi-
nué. L'air en a bu une partie et boira le tout si
on la laisse assez longtemps. Ce qui se passe
pour une petite quantité d'eau a lieu également
pour toutes les surfaces liquides de la terre, pour
chaque ruisseau, rivière ou lac, pour l'immensité
de la mer elle-même. L'eau se transforme continuellement en vapeur, qui est reçue et retenue par
l'air. Ce procédé s'appelle *évaporation*, et on dit
que l'eau qui passe à l'état de vapeur *s'évapore*.

Puisque l'air chaud peut tenir plus de vapeur
que l'air froid, l'évaporation doit être plus active
à la lumière solaire que pendant la nuit, et pendant l'été que pendant l'hiver. Vous avez souvent remarqué de grandes différences dans le

temps pendant lequel les chemins humides sé-
chaient. Quand le soleil brille ardemment sur
eux, il ne faut qu'une heure ou deux pour en enlever toute l'humidité et les rendre de nouveau
gris et durs. Mais, si le temps est froid et sombre,
ils peuvent rester humides et boueux des jours
entiers. Dans le premier cas, l'air chaud absorbe
avidement la vapeur d'eau des chemins; dans le
second, l'air froid n'enlève la vapeur qu'en petites quantités.

De plus, par une journée très-sèche, l'évaporation marche rapidement, parce que l'air n'est pas
prêt d'avoir absorbé toute la vapeur qu'il peut
tenir en solution. Un jour humide, au contraire,
quand l'air contient presque autant de vapeur qu'il
peut en retenir à cette température particulière,
l'évaporation est très-faible ou cesse tout à fait.
Cette capacité variable de l'air pour la vapeur est
cause des grandes différences que trouvent les
blanchisseuses dans la facilité avec laquelle elles
font sécher leur linge. Certains jours, l'air est
empressé à puiser l'air partout, et le linge sèche
alors rapidement. C'est surtout le cas quand le
ciel est clair et que le vent souffle, parce qu'à
chaque instant une nouvelle quantité d'air arrive

en contact avec le linge, enlève une partie de la
vapeur et continue son chemin en faisant place
à de nouvelles couches d'air altéré. D'autres jours,
l'air peut à peine contenir plus de vapeur, et on
trouve à la fin de la journée le linge presque
aussi humide que quand on le pendit le matin.

Quand l'eau s'évapore, la vapeur entraîne avec
elle une partie de la chaleur de l'eau. Versez une
goutte d'eau sur le dos de votre main, et laissez-
la s'évaporer. Vous éprouvez une sensation de
froid, parce qu'en s'évaporant la vapeur a dé-
pouillé votre peau d'une partie de sa chaleur.
Cette chaleur soustraite est restituée à l'air quand
la vapeur se condense.

Vous voyez donc que l'air contient de la vapeur aqueuse invisible qui, bien qu'en très-faible
quantité si on la compare à la somme d'azote et
d'oxygène, n'en est pas moins énorme quand on
considère la masse entière de l'atmosphère ; vous
voyez que cette vapeur s'élève de toute la surface
de l'eau qui couvre la terre par le procédé de
l'évaporation, et qu'elle reprend la forme liquide
par le procédé de la condensation.

V. — Rosée, brouillard, nuages.

Après le coucher du soleil, quand le ciel est clair, vous savez que les prairies se couvrent de rosée. Le matin, vous pouvez voir des brouillards suspendus sur les bois, sur les rivières et les collines et s'évanouissant doucement à mesure que le soleil s'élève dans le ciel. A toutes les époques de l'année, vous voyez les nuages se former, se dissoudre et se reformer, changeant à chaque instant de forme et de grandeur en se mouvant dans l'air. Ce sont tous exemples de la condensation de la vapeur. Voyons comment a lieu l'opération.

La condensation, comme nous l'avons vu, résulte d'un refroidissement de l'air. Quand la vapeur se condense, elle ne prend pas immédiatement la forme d'eau courante. Le verre glacé que nous avons apporté dans la chambre se recouvre d'abord d'une mince pellicule de buée, et alors, par degrés, les gouttes d'eau apparaissent. En réalité, ce brouillard est fait de particules d'eau excessivement menues, qui, en se réunissant, forment les gouttes plus larges. Il en est de même dans la

nature sur une grande échelle ; quand la condensation se produit, la vapeur apparait d'abord
comme une buée fine. C'est toujours le résultat du
refroidissement, et, chaque fois que vous voyez
se former un brouillard ou un nuage, vous pouvez
en conclure que l'air où ils se trouvent se refroidit.

La rosée. — On donne ce nom à l'humidité que
nous voyons apparaître le soir ou la nuit sur les
gazons, les feuilles, les pierres ou même quelquefois sur nos cheveux. Vous n'avez pas été sans
remarquer souvent, le matin, les petites gouttes
de rosée brillant sur le feuillage et sur le réseau
délicat des fils de la Vierge. Cette humidité ne
sort pas des feuilles ni des pierres, ou de votre
chevelure. Elle dérive tout entière de l'air par
condensation, exactement comme nous avons vu
la couche de brouillard se former sur le bol glacé
dans l'air chaud et humide de la chambre. Cette
pellicule de brouillard n'était en somme que la
rosée, et toute rosée se forme de la même façon,
par la même cause.

La nuit, quand le ciel est clair, la terre perd
rapidement sa chaleur par rayonnement, c'est-à-
dire qu'elle envoie dans l'espace froid une grande

partie de la chaleur qu'elle a reçue du soleil
pendant le jour. La surface devient froide par
conséquent, comme vous avez pu le sentir en
posant votre main sur des feuilles ou des pierres,
après la tombée de la nuit. La couche d'air voisine du sol refroidi est amenée en dessous de son
point de condensation, et l'excès de vapeur se
dépose en rosée sur les herbes, les brindilles, les
pierres et autres objets. De là on a donné, à la
température où cette condensation commence, le
nom de *point de rosée*.

Brouillard. — On peut voir dans les montagnes
comment la surface froide de la terre peut encore
produire la condensation. Quand un vent chaud
et humide souffle sur le sommet froid d'une
montagne, l'air se refroidit, et sa vapeur devient
visible sous forme de brouillard ou de nuage.
Souvent le nuage est solitaire et se modèle suivant la forme du sol, comme une sorte de calotte
laineuse posée sur le front de la montagne. Cet
effet est surtout bien marqué le matin. A mesure
que la journée s'avance, le sol, échauffé par le
soleil, cesse de refroidir l'air, et le brouillard est
peu à peu absorbé par l'atmosphère. Peu à peu,
cependant, aux approches de la nuit, quand le

sol se refroidit de nouveau par la radiation, s'il y a assez de vapeur dans l'air, le brouillard se reformera et la montagne remettra sa calotte.

Un air froid, aussi bien qu'un sol froid, condense la vapeur d'un air plus chaud. Si vous examinez ce qui se passe le long d'une rivière, vous verrez souvent des exemples de cette espèce de condensation : le sol qui se trouve sur les deux rives de la rivière se sépare de sa chaleur, après le coucher du soleil, plus vite que la rivière elle-même, et il refroidit par conséquent davantage l'air qui se trouve au-dessus de lui que celui qui se trouve au-dessus de la rivière. Alors, quand cet air plus froid des deux rives se met en mouvement pour venir remplacer l'air plus chaud qui monte de la rivière, il en résulte cette condensation sous forme de brouillard, qui se voit si souvent suspendue sur les cours d'eau, la nuit et le matin à l'aube.

Nuages. — Ce n'est pas sur le sol cependant, mais dans l'air, qu'a lieu la principale condensation de vapeur. Aucun trait des scènes qui vous entourent ne vous est plus familier que les nuages, qui sont le résultat de cette condensation. Un nuage est simplement un brouillard formé par le refroidissement d'un air chaud et humide quand il perd sa chaleur pour une cause quelconque, telle que l'expansion pendant son ascension, ou le contact avec des courants d'air plus froid. En examinant le ciel, vous verrez souvent des nuages en voie de formation. D'abord, une petite tache blanche apparaît. Elle grossit peu à peu; d'autres petits nuages se forment et se groupent, jusqu'à ce qu'enfin le ciel soit entièrement couvert d'épaisses nuées et que la pluie commence à tomber. La vapeur ainsi condensée dans l'air est obtenue tout entière par l'évaporation de l'eau à la surface de la terre. Elle s'élève avec l'air chaud, qui, perdant sa chaleur à mesure qu'il monte et amené en contact avec les couches plus froides de l'atmosphère, ne peut retenir toute sa vapeur et doit se débarrasser de l'excès qui se condense alors en nuage.

Pendant les matinées d'été, le ciel est souvent sans nuages. A mesure que la journée avance et que la terre s'échauffe, il s'élève plus de vapeur. Cette vapeur, entraînée par les courants ascendants, atteint les parties plus hautes et plus froides de l'atmosphère, s'y refroidit et forme les nuages blancs et laineux que vous voyez se former à partir du milieu du jour. Vers le soir,

Fig. 5. — Différentes formes des nuages.

1° Les *cirrus* sont des filaments déliés en lignes plus ou moins parallèles.

2° Les *cumulus* sont des nuages arrondis souvent entassés les uns sur les autres.

3° Le *stratus* est un nuage disposé en bandes horizontales que l'on voit souvent au coucher du soleil.

4° Le *nimbus* est un nuage gris homogène qui s'étend à l'horizon et donne la pluie.

quand l'évaporation diminue, les nuages cessent

de grossir et diminuent graduellement jusqu'à la nuit, où le ciel est entièrement clair. Ils se sont dissous de nouveau en descendant et en arrivant en contact avec l'air chaud **plus** voisin de la terre.

Vous avez souvent **remarqué aussi que** les nuages se meuvent à travers le ciel. Ils sont entraînés par les courants supérieurs de l'air, et, naturellement, plus ces courants sont forts, plus vite les nuages voyagent. De cette façon, le ciel est quelquefois complètement couvert de nuages qui sont venus de loin. En étudiant ces allées et venues, vous voyez comment l'état de la vapeur dans l'atmosphère change conti- nuellement. Parfois elle est condensée en nuages, parfois elle est évaporée et rendue invisible par les courants variables de l'air.

VI. — D'où proviennent la pluie et la neige.

Vous avez suivi dans sa marche la vapeur que la chaleur du soleil pompe dans les rivières, les lacs et les mers terrestres, et vous l'avez retrouvée condensée sous forme visible dans les nuages. Ceux-ci, cependant, ne restent pas toujours suspendus dans le ciel; ils se fondent quelquefois de nouveau et se dissolvent en vapeur invisible. Souvent aussi, ils disparaissent d'une autre façon; ils laissent tomber leur humidité à travers l'air jusqu'à la terre et donnent ainsi naissance à la pluie et à la neige.

La pluie. — Vous savez que la pluie vient toujours des nuages courant dans le ciel. Quand le ciel est clair au-dessus de nous, aucune pluie ne tombe; elle n'arrive que quand il se couvre. Vous pouvez voir une sombre nuée se grouper et déverser une pluie abondante sur la terre. Dans l'exemple du verre froid apporté dans la chambre chaude, vous vous rappelez que le mince brouillard formé sur le verre a fini par se réunir en gouttes qui ruisselaient le long de la surface froide. Eh bien, le brouillard sur le verre et le nuage dans le ciel sont formés tous deux par des particules d'eau menues séparées par de l'air. C'est le groupement de ces particules qui donne naissance aux gouttes. Dans le premier cas, elles courent le long du verre; dans le second, elles traversent l'air sous forme de pluie. La pluie est ainsi une nouvelle période de la condensation de

la vapeur aqueuse de l'atmosphère. Les particules
menues du nuage, tandis que la condensation
avance, réunissent plus d'humidité autour d'elles,
jusqu'à ce qu'elles forment des gouttes d'eau trop
pesantes pour rester plus longtemps suspendues
dans l'air. Ces gouttes tombent alors en pluie sur
la terre.

La neige. — L'humidité des nuages peut encore
descendre à la surface de la terre sous une autre
forme importante. Quand le temps est assez
froid, il tombe sur le sol non plus des gouttes de
pluie, mais des flocons de neige.

Si vous apportez de la neige dans une chambre,
elle se fond aussitôt en eau. Si vous exposez cette
eau à l'air quelque temps, elle s'évapore. La
neige, l'eau et la vapeur aqueuse ne sont donc
que des formes différentes de la même substance. Nous disons que l'eau peut exister sous
trois formes, gazeuse, liquide et solide. La neige
est un exemple de la condition solide.

Par les nuits très-froides, les étangs se recouvrent d'une croûte dure et transparente de ce
qu'on appelle *glace*. Vous pouvez mettre cette
croûte en pièces; mais, si le froid continue, une
nouvelle croûte se sera bientôt formée, en cimen-

tant fortement les morceaux de l'ancienne. Plus
le froid. sera grand, plus elle sera épaisse,
au point que peut-être toute l'eau de l'étang
pourra devenir solide. Prenez un morceau de
cette substance solide : vous le trouvez froid, fra-
gile et transparent. Apporté dans une chambre
chaude, il se fond bientôt en eau, que vous
pouvez comme tantôt transformer en vapeur.
La glace est le nom général donné à l'eau sous

Fig. 6. — Formes de flocons.

l'état solide ; la neige et la grêle ne sont que des
aspects différents que prend la glace. Aussitôt que
l'eau devient plus froide qu'une certaine température, elle se *congèle*, et on donne à cause de
cela à cette température le nom de *point de
congélation*.

Vous pourriez supposer que la glace n'est
qu'une chose informe. Recueillez cependant quelques flocons de neige et examinez-les au dehors,
pour qu'ils ne se fondent pas.

Quand ils sont réunis en masse, ils sont d'une blancheur pure et opaque, mais en réalité ils sont aussi transparents que l'eau. C'est seulement la manière dont ils dispersent la lumière sur leurs nombreuses aiguilles brillantes qui les fait paraître blancs. Pour vous assurer de ce fait, séparez soigneusement un ou deux des flocons sur quelque surface foncée (la manche de votre habit par exemple), et vous verrez que chaque flocon est une étoile à six rayons plus ou moins parfaite, formée de petites aiguilles ou de cristaux de glace pure et transparente. Les flocons sont si délicats qu'en traversant l'air ils peuvent s'endommager les uns contre les autres. La figure 6 montre quelques-unes de leurs variétés.

Les couches supérieures de l'atmosphère sont fort au-dessous du point de congélation de l'eau. Dans la condensation qui s'y opère, les nuages ne se résolvent pas en pluie. La vapeur des courants ascendants d'air chaud qui montent de la surface de la terre se condense et se gèle dans ces hautes régions, en formant de petits cristaux qui se réunissent en flocons de neige. Même en été, ces beaux nuages blancs que vous voyez flotter à grande hauteur sont probablement formés de neige. Dans les pays comme les nôtres, où en hiver l'air même de la surface est quelquefois très-froid, la neige tombe sur le sol et y séjourne comme une couverture blanche jusqu'au retour de la chaleur.

Outre la pluie et la neige, l'humidité de l'air prend quelquefois la forme de *grêle*, qui consiste en petits amas de glace semblables à de la pluie gelée, et celle de *grésil*, qui est de la neige en partie fondue. La pluie et la neige sont cependant les plus importantes, et ce sont ces deux formes que nous devons étudier d'un peu plus près.

Résumé. — Avant de poursuivre, rassemblons ce que nous avons dit sur la vapeur aqueuse de l'air. Nous avons appris que, comme toute flaque d'eau sur la surface du globe s'évapore, l'air est plein de vapeur ; que cette vapeur se condense sous forme visible et apparaît en rosée, en brouillard et en nuages. Nous avons appris encore que la vapeur dont sont formés les nuages se résout en pluie ou en neige et, sous l'une ou l'autre de ces formes, redescend sur la terre. Il y a ainsi une circulation d'eau entre la terre et l'air. Cette circulation est aussi nécessaire pour faire de la terre un habitat propre aux êtres vivants,

que l'est la circulation du sang pour entretenir
notre vie. Elle mélange et nettoie l'air, dont
elle enlève les impuretés, telles que celles qui
s'échappent des cheminées d'une ville. Elle hu-
mecte et vivifie le sol, qu'elle rend capable d'en-
tretrenir la végétation. Elle alimente les sources,
les ruisseaux et les rivières. En un mot, elle est
l'organe essentiel de toute la vie du globe. Une
pièce si importante du mécanisme du monde
mérite toute notre attention. Cherchons donc ce
qu'il advient de la pluie et de la neige, après
qu'elles se sont déchargées à la surface de la
terre.

CHAPITRE IV

LA CIRCULATION DE L'EAU SUR LA TERRE

I. — Ce que devient la pluie.

Quoique l'air absorbe continuellement par l'évaporation l'eau de la surface de la terre et la restitue continuellement par la condensation, cependant, en somme et dans le cours des années, on ne constate ni perte ni gain sensible dans l'eau de nos mers, de nos lacs et de nos rivières ; les deux procédés d'évaporation et de condensation se balancent donc mutuellement.

Il est évident, cependant, que l'humidité qui se précipite de l'air à un moment donné ne s'évapore pas aussitôt. Quand une averse est tombée, les routes ne se sèchent pas du moment où elle a cessé, et, quand une forte pluie continue pendant des heures, toute la contrée sera inondée et le restera peut-être plusieurs jours après la fin de la pluie. La disparition de l'eau est due en partie à l'évaporation, mais seulement en partie. Une grande partie se perd de vue d'autre manière.

La pluie qui tombe dans la mer est la plus grande partie de celle qui descend sur le globe, la surface de la mer étant environ trois fois plus grande que celle de la terre. Toute cette pluie se mélange graduellement à l'eau salée et ne peut plus alors se reconnaître. Elle aide aussi à combler les pertes qu'éprouve sans cesse la mer par l'évaporation. La mer, en effet, est la grande surface d'évaporation d'où dérive la plus grande partie de la vapeur de l'atmosphère.

D'un autre côté, la quantité totale de pluie qui tombe sur toutes les terres du globe doit être énorme. On estime, par exemple, qu'environ soixante-huit milles cubiques d'eau descendent annuellement en pluie sur la surface des Iles-Britanniques, et il y a beaucoup d'autres régions plus pluvieuses que les nôtres. Si vous cherchez ce que devient toute cette pluie, vous verrez qu'elle ne disparaît pas aussitôt, mais qu'elle com-

mence un autre mode de circulation. Examinez
ce qui se passe pendant une averse. Si l'averse est
forte, vous remarquerez des filets d'eau boueuse
descendant les pentes des rues ou des chemins,
ou se déversant par les sillons des champs. Suivez
un de ces filets; il se rend dans quelque égout
ou quelque petit ruisseau, celui-ci dans un ruisseau plus grand et ce dernier dans une rivière;
cette rivière, si vous la suivez assez loin, vous
mènera à la mer. Songez maintenant à tous les
ruisseaux, à toutes les rivières du monde où a
lieu ce même transport d'eau, et vous comprendrez aussitôt combien doit être vaste la masse de
pluie qui s'écoule des terres dans l'Océan.

Mais toute cette masse gagne-t-elle aussitôt
la mer de cette façon? Assurément non, comme
vous pouvez le démontrer très-facilement. Supposons qu'avant la pluie le sol fût très-sec et
qu'après l'averse vous en enleviez une pelletée.
Le sol est-il encore sec? Non, parce qu'une partie
de la pluie a imbibé la terre. Si vous pouviez
creuser assez profondément, ou que vous suiviez
ce qui se passe quand des ouvriers font une excavation profonde, vous verriez que non-seulement
le sol inférieur est humide, mais qu'il contient

beaucoup d'eau, eau que vous pouvez réunir et amener à la surface. Il est donc clair qu'une bonne partie de la pluie qui tombe sur la terre doit s'infiltrer dans le sol et s'y rassembler. Peut-être pensez-vous que l'eau qui disparaît ainsi doit être définitivement soustraite à la circulation générale que nous avons décrite. Puisqu'elle s'enfonce sous la surface, comment la regagnerait-elle jamais?

Cependant, avec un peu d'attention, vous serez convaincu que, quoi qu'il advienne d'elle sous terre, elle ne peut être perdue. Si toute la pluie qui pénètre dans le sol était pour jamais soustraite à la circulation de la surface, vous verriez aussitôt la quantité d'eau générale du globe diminuer constamment et visiblement. Les mers deviendraient plus étroites et moins profondes; les rivières et les lacs se dessécheraient. Aucun de ces changements, pour autant que nous pouvons le voir, n'a réellement lieu. La mer roule ses flots sur la même étendue, sur les mêmes abîmes qu'elle l'a fait dans le passé, pendant tant de générations; les lacs et les rivières restent à peu de chose près les mêmes. Si donc une partie de l'eau qui s'enfonce dans la terre n'est jamais rendue à la surface, elle doit être si faible qu'elle n'est qu'une insignifiante fraction de ce qui est restitué. En dépit de la pluie qui disparaît dans le sol, la circulation d'eau entre l'air, la terre et la mer continue sans diminution perceptible.

Vous êtes par conséquent amené à conclure que, par un moyen quelconque, l'eau souterraine est ramenée à la surface. Ce moyen, comme vous le verrez plus loin, n'est autre que les *sources* qui jaillissent du sol et fournissent l'eau aux *ruisseaux* et aux *rivières*, par où elle se rend à la mer.

Vous pouvez maintenant répondre à cette question : Que devient la pluie ? La plus grande partie s'enfonce dans la terre et en sort ensuite en sources ; une autre partie se réunit dans les ruisseaux et les rivières, et celle-là, en tant qu'elle ne s'évapore pas, poursuit sa route à la surface et va enfin tomber dans la mer.

La pluie suit donc deux routes distinctes, l'une en dessous du sol, l'autre au-dessus. Il vaut mieux suivre d'abord la portion souterraine.

II. — Comment se forment les sources.

Nous allons donc suivre le cours de cette partie
de la pluie qui s'infiltre dans le sol. Un seul re-
gard jeté sur le sol et les roches qui forment la
surface de divers pays suffit pour montrer qu'ils
diffèrent grandement les uns des autres en dureté
et en texture, ou en grain. Certains sols sont
tout à fait légers et poreux ; d'autres sont durs et
à grains fins. Ils diffèrent par conséquent beaucoup dans la quantité d'eau qu'ils laissent passer.
Un lit de sable, par exemple, est *perméable*, c'est-
à-dire qu'il laissera l'eau le traverser librement,
parce que les petits grains de sable, groupés d'une
façon peu compacte, ne se touchent qu'en quelques points, de façon à laisser entre eux des espaces vides où l'eau se fraye facilement un chemin. Le lit de sable peut devenir une espèce
d'éponge, entièrement saturée de l'eau qui a
filtré à travers la surface. Un lit d'argile, au
contraire, est *imperméable ;* il est formé de particules très-fines étroitement reliées entre elles
et offrant par conséquent de la résistance au
passage de l'eau. Partout où se présente une

pareille couche, elle s'oppose au libre parcours de l'eau, qui, incapable de la traverser soit pour gagner les parties inférieures du sol, soit pour remonter à la surface, est arrêtée par l'argile et obligée de trouver une autre issue.

Les sols sableux sont secs, parce que la pluie les traverse aussitôt ; les sols argileux sont humides, parce qu'ils retiennent l'eau et l'empêchent de descendre librement dans la terre.

Quand l'eau provenant de la pluie ou de la neige fondue s'infiltre dans le sol ou dans les roches, elle n'y reste pas en repos. En creusant un trou profond, vous verriez bientôt l'eau qui se trouve entre les particules ruisseler le long des parois de votre excavation et se réunir au fond. Si vous vidiez cette eau, elle continuerait à suinter, et le fond du trou serait bientôt de nouveau rempli. Ceci vous montre que l'eau souterraine s'écoule rapidement dans toute cavité qu'elle peut atteindre.

Maintenant les roches, outre qu'elles sont dans beaucoup de cas poreuses dans leur texture, comme les grès, sont toutes plus ou moins traversées par des fissures, parfois de simples lignes, comme celles d'un carreau de vitre brisé,

mais parfois aussi des crevasses et des excavations larges ouvertes. Ces galeries nombreuses
servent de passage à l'eau souterraine. Ainsi donc,
quoiqu'une roche puisse être si dure , si serrée
que l'eau ne puisse aucunement s'y infiltrer ,
cependant, si cette roche est largement sillonnée par ces fissures, elle peut livrer passage à de
vastes quantités d'eau. Le calcaire, par exemple,
est une roche très-dure, à travers les grains de
laquelle l'eau peut à peine se glisser , et cependant elle est si remplie de fissures ou de « joints »,
comme on les appelle , ces joints sont souvent
si larges , qu'ils livrent passage à de grandes
masses d'eau.

Dans les districts montagneux, où la surface
du sol n'a pas été travaillée par la charrue, vous
pouvez remarquer que beaucoup d'endroits sont
marécageux et humides, même quand le temps
est sec depuis longtemps. Le sol , tout autour,
a été durci, cuit, pour ainsi dire, par le soleil,
et cependant ces endroits restent humides, en
dépit de la chaleur. D'où tirent-ils leur eau ?
Certainement, ce n'est pas directement de l'air,
car, dans ce cas, le reste du sol serait aussi humide. Ils la tirent non d'en haut, mais d'en bas.

Elle filtre du sol, et c'est ce continuel suinte-
ment d'eau qui entretient le sol humide et marécageux. En d'autres endroits, l'eau ne suinte
pas seulement à travers la terre, elle donne naissance à un petit courant d'eau claire. Si vous
suivez ce courant jusqu'à son origine, vous le
verrez jaillir du sol sous forme de *source*.

Les sources sont les issues naturelles de l'eau
souterraine. Mais, demanderez-vous, pourquoi
faut-il que cette eau ait des issues, et comment
s'élève-t-elle à la surface ?

Le diagramme suivant (fig. 7) représente la
façon dont les roches sont superposées et dont
vous les rencontreriez si vous ouvriez une tran-
chée ou une section profonde en dessous de la
surface. Elles sont disposées, comme vous voyez,
en couches ou en assises plates. Supposons que
A est une couche de quelque roche imperméable,
comme l'argile, et C une autre couche de matière poreuse, comme le sable. La pluie qui
tombe à la surface du sol et qui traverse la couche supérieure est arrêtée par l'inférieure et doit
ou bien s'y accumuler, ou trouver une issue le
long de cette couche inférieure. Si le fond d'une
excavation, d'une vallée, se trouve en dessous du

niveau où coulent les eaux, des sources jailliront
sur les flancs de cette vallée, comme il est indiqué en S, S sur la figure.

La ligne d'échappement peut être, soit, comme
dans ce cas, la jonction entre deux espèces différentes de roches, ou quelqu'un des joints nombreux dont nous avons parlé. Quelle qu'elle soit,
l'eau ne peut s'empêcher de couler le long des

Fig. 7. — Origine des sources de la surface.

pentes, aussi longtemps qu'elle trouve un passage
à suivre, et les roches souterraines sont si pleines
de fissures qu'elle n'éprouve aucune difficulté à
le faire.

Mais il peut arriver qu'une grande partie de
l'eau souterraine descende beaucoup en dessous
du niveau des vallées, et même en dessous du
niveau de la mer. Malgré cela, bien qu'elle
puisse être descendue de plusieurs milles, elle
finit par revenir à la surface. Pour bien faire
comprendre comment la chose a lieu, suivons
une goutte d'eau depuis le moment où elle

pénètre dans la terre en pluie jusqu'à celui où, après un long voyage sinueux dans les entrailles du globe, elle atteint de nouveau la surface.

Elle s'infiltre dans le sol avec d'autres gouttes et rejoint quelque mince filet ou quelque cou-

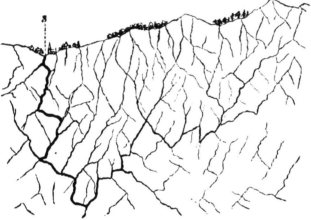

Fig. 8. — Section montrant l'origine des sources profondes. Les joints nombreux des roches amènent l'eau dans un canal principal par lequel elle remonte à la surface, où elle jaillit en S.

rant plus important, se frayant un chemin à travers les crevasses et les déduits des roches. Elle s'enfonce ainsi peut-être à une profondeur de plusieurs mille pieds, jusqu'à ce qu'elle atteigne quelque roche à travers laquelle elle ne peut facilement poursuivre sa route.

Pendant tout ce temps, elle a été suivie d'autres gouttes qui ont parcouru le même chemin sinueux jusqu'à l'obstacle du fond. La réunion de toutes ces gouttes forme une accumulation d'eau qui est continuellement pressée par celle qui descend de la surface. Incapable de continuer sa descente, l'eau enfermée doit essayer de s'échapper dans quelque autre direction. Par la pression d'en haut, elle est refoulée dans d'autres fissures ou passages et finit après maintes circonvolutions par atteindre de nouveau la surface. Elle y sort alors en source jaillissante.

Ainsi, chacune des sources nombreuses qui sortent du sol est une preuve qu'il existe une circulation de l'eau souterraine, aussi bien que de celle de la surface. Mais, outre ces issues naturelles, d'autres preuves sont apportées par les ouvertures artificielles pratiquées dans le sol. Les *puits* n'ont réellement pour but que de saisir cette eau. Les mines, les puits d'extraction, les carrières, les excavations profondes de toute espèce, sont souvent gênés par sa présence, et l'on doit pour les tenir à sec pomper toute l'eau qui y afflue.

III. — Le travail souterrain des eaux.

Aucune forme de l'eau ne semble plus pure
que le clair cristal de la source qui sort en bouillonnant du sol. L'eau parfaitement pure, dans le
sens chimique, ne doit contenir que les deux
éléments oxygène et hydrogène ; mais, dans
toute source, si claire et si brillante qu'elle
puisse être, il y a quelque chose de plus. Si vous
prenez une certaine quantité d'eau parfaitement
claire et que vous l'évaporiez à fond par l'ébul-
lition, elle se réduira tout entière en vapeur et
ne laissera derrière elle aucun vestige de quoi
que ce soit. La pluie se charge d'un peu d'impuretés dans l'air, mais elle peut néanmoins être
regardée comme de l'eau à peu près pure. Au
contraire, si vous faites bouillir jusqu'à siccité
une certaine quantité d'eau de source, vous trouverez un résidu de matière solide. La transpa-
rence brillante n'est donc pas un indice de la
pureté chimique de l'eau.

Si donc l'eau de pluie est presque à l'état de
pureté et si, après avoir voyagé dans tous les
sens, sous le sol, elle jaillit en sources toujours

plus ou moins chargées de matières étrangères,
elle doit emprunter ces matières aux roches
qu'elle traverse. Elles ne sont pas visibles à l'œil,
étant tenues, comme on dit, en solution chimique. Quand vous mettez quelques grains de sel
ou de sucre dans une assiette et que vous y versez de l'eau, ils se dissolvent dans celle-ci et
disparaissent. Ils s'unissent à l'eau; vous ne pouvez les voir, mais vous pouvez cependant reconnaître leur présence par le goût qu'ils commu-
niquent au liquide qui les retient en solution.

Ainsi l'eau, en s'infiltrant à l'intérieur de la
terre, dissout un peu de la substance des roches
souterraines et transporte cette matière dissoute
à la surface du sol. Mais, direz-vous, le sel et le
sucre sont facilement attaqués par l'eau, les
roches dures ne le sont pas; comment les sources
peuvent-elles prendre aux roches leurs impuretés
solides?

Vous vous rappelez que l'un des éléments les
plus importants contenus dans l'air est le gaz
acide carbonique, et que cette substance est
successivement enlevée et restituée à l'air par les
plantes et les animaux. En traversant l'atmosphère, la pluie absorbe un peu d'air. Elle se

charge en même temps des éléments de cet air, d'un peu d'acide carbonique, de particules de poussière et de pluie, de vapeurs nuisibles, d'organismes microscopiques et d'autres substances flottantes. La pluie lave pour ainsi dire l'air et tend à le rendre beaucoup plus sain qu'il ne le serait autrement.

La pluie ne ramasse pas simplement les impuretés de l'air; elle y ajoute beaucoup de matières nouvelles en atteignant le sol. En ramassant un peu de terre dans un champ ou un jardin, vous y remarquez de nombreuses fibres déliées et des racines en décomposition. Elle contient toujours plus ou moins de matière organique et par conséquent de l'acide carbonique et plusieurs autres. Posez une pelletée de ce sol sur une plaque de fer, et placez-la dans le feu, vous brûlerez la matière organique, l'acide carbonique s'échappera, et la couleur de la terre changera.

Armée de cet acide carbonique qu'elle puise dans l'air, de celui plus abondant encore qu'elle tire du sol, l'eau de pluie est prête à attaquer les roches, à les ronger comme ne pourrait le faire l'eau pure.

L'eau qui contient de l'acide carbonique a un effet remarquable sur beaucoup de roches, même sur quelques-unes des plus dures. Elle dissout plus ou moins de leur substance et l'emporte. Quand elle tombe par exemple sur de la craie ou du calcaire, elle les dissout presque entièrement et emporte la roche en solution, tout en restant toujours claire et limpide. Dans les contrées où la craie et le calcaire sont abondants, cette action de l'eau se dévoile singulièrement à la façon dont se creuse la surface du sol. Dans ces districts, les sources sont toujours *dures*, c'est-à-dire qu'elles contiennent beaucoup de matière minérale en solution, tandis qu'on appelle *douce* l'eau de pluie et des sources qui renferment peu d'impuretés.

La plupart des substances tirées du sol par l'eau des sources sont utiles à la vie des plantes et des animaux. La chaux, le sel, le fer, par exemple, s'y trouvent en suspension et sont tous de grande valeur. La chaux fournit des matériaux pour le squelette des animaux, et le fer donne la matière colorante de leur sang. Nous obtenons de notre nourriture solide, il est vrai, la plus grande partie de ces matériaux qui nous sont nécessaires, mais il n'en est pas moins

Fig. 9. — Canal souterrain creusé par l'eau dans le calcaire.

vrai que l'eau de source, pour autant qu'elle les
contienne, est plus salubre pour nos boissons

et notre cuisine que ne le serait l'eau de pluie.

Chaque source du globe étant ainsi occupée à remonter à la surface des matières de quelque espèce, il est évident que la quantité de roche dissoute et enlevée doit finir par être considérable.

Vous pouvez maintenant comprendre comment il peut y avoir des canaux et des tunnels pour l'eau souterraine, puisque celle-ci ronge sans cesse un peu de la surface sur laquelle elle coule, élargissant ainsi les fissures et les crevasses et les transformant peu à peu en passages plus larges. De grandes cavernes, très-élevées et de plusieurs milles de longueur, ont été ainsi creusées sous la surface dans différentes parties du monde.

IV. — Comment se désagrège la surface de la terre.

Quand une construction en pierre est bâtie depuis quelques centaines d'années, la face soigneusement dressée que ses murs ont reçue du maçon a disparu d'ordinaire. Les pierres sont creusées de trous et de sillons ; les sculptures qui surmontent les fenêtres et les portes sont si délabrées qu'à peine pouvez-vous voir ce qu'elles représentent. Cet aspect de la vieille maçonnerie rongée du temps est si connu, qu'on le cherche toujours dans une construction ancienne, et, si l'on ne l'y trouve point, on se prend à douter de cette ancienneté.

Voyez aussi, dans le cimetière qui entoure une antique église, ces tombes qui s'émiettent en raison de leur vieillesse. Quelquefois, surtout dans les villes, les inscriptions qui remontent à plus de quelques générations sont si effacées que vous ne pouvez plus reconnaitre les noms et les vertus qu'elles célèbrent.

Cette désagrégation de la pierre dure sous la main du temps vous est familière. En avez-vous jamais cherché les raisons? Pourquoi la pierre se détruit-elle? à quoi sert cette destruction?

Dans le cas des bâtiments et des autres œuvres humaines, la destruction peut se remarquer et se mesurer, car les pierres, si rudes et si détériorées qu'elles soient aujourd'hui, ont quitté les mains des maçons avec des surfaces bien dressées. Mais la destruction ne se borne pas aux constructions humaines; elle se poursuit au contraire sur toute la face du globe.

Il vous semblera peut-être si étrange d'apprendre que la surface de la terre s'émiette ainsi, que vous ne devez perdre aucune occasion de vérifier cette assertion. Examinez toutes les vieilles constructions, tous les morceaux de sculpture à votre portée. Étudiez les falaises et les ravins, les rochers et les cours d'eau de votre voisinage. A la base de chaque falaise, vous trouverez probablement le sol encombré de blocs et de monceaux de fragments plus petits qui se sont détachés des roches supérieures, et, après un hiver rigoureux, vous pouvez même trouver la cicatrice encore fraîche d'où une masse nouvelle s'est détachée pour ajouter à la pile de ruines.

Après avoir examiné de cette façon vos environs, vous trouverez sans doute des preuves que, en dépit de leur fermeté apparente, les pierres les plus dures vont se désagrégeant. En un mot, toute roche exposée à l'air est sujette à destruction. Voyons comment s'opère ce changement.

Nous devons tout d'abord revenir un instant à l'action de l'*acide carbonique*, action que nous avons déjà décrite. Vous vous rappelez que l'eau de pluie enlève à l'air un peu d'acide carbonique, et que, quand elle s'enfonce dans le sol, elle de-

vient capable, à l'aide de cet acide, de ronger
quelques parties des roches souterraines. L'eau de
pluie dissout peu à peu les portions de roche
qu'elle peut enlever. Dans le cas de certaines
roches, le calcaire par exemple, toute ou presque toute la substance est emportée en solution.
Dans d'autres espèces, la partie dissoute est le
ciment qui réunissait la masse, de sorte qu'une
fois ce ciment enlevé la roche n'est plus qu'un
amas de terre et de sable que balaye rapidement
la pluie. L'une des causes de la destruction des
roches est donc l'action de l'acide carbonique
dont la pluie est chargée.

En second lieu, l'oxygène de l'air que contient
l'eau de pluie aide à décomposer les roches.
Quand un morceau de fer a été exposé un certain temps à l'air, dans un climat humide comme
celui de l'Angleterre, il se rouille. Vous savez
comment, dans le cours des années, les barreaux
de fer se rongent, et que vous pouvez détacher
des surfaces corrodées une croûte ou une poudre
jaune. Cette rouille est une substance composée,
formée par l'union de l'oxygène et du fer. Elle
continue à se former tant qu'il reste du fer non
rouillé, car, dès que chaque croûte de rouille est

enlevée, une nouvelle couche de fer se trouve
exposée aux attaques de l'oxygène. Ce qui arrive
à un barreau de fer, à un couteau d'acier, arrive
aussi, bien que d'une manière moins rapide et
moins prononcée, à beaucoup de roches. Elles
aussi se rouillent, en absorbant de l'oxygène.
Une croûte de roche corrodée se forme à leur
surface, et, une fois enlevée par la pluie, une nouvelle couche de roche fraîche se trouve en présence de l'oxygène toujours présent et actif.

En troisième lieu, la surface, sur beaucoup de
points du globe, s'émiette sous l'action de la *gelée*.
Vous êtes sans doute familiers avec quelques-uns
des effets dus à cette action. Vous avez probablement remarqué que quelquefois, pendant
l'hiver, quand le froid devient très-aigu, les
tuyaux pleins d'eau éclatent et les cruches qui
en sont remplies se fendent du haut en bas. La
raison en est que l'eau se dilate en se congelant.
La glace demande plus d'espace que l'eau à
l'état liquide. Quand la glace se forme dans un
espace confiné, elle exerce une grande pression
sur les parois du vase ou de la cavité qui la contient. Si ces parois ne sont pas assez fortes pour
supporter l'effort auquel elles sont soumises,

elles doivent céder et par conséquent se fendre.

Vous avez vu aussi comme l'eau se fraye facilement un chemin à travers le sol. Les roches les plus dures sont plus ou moins poreuses et prennent un peu d'eau. Aussi, quand vient l'hiver, le sol est plein d'humidité, non-seulement dans la terre proprement dite, mais aussi dans les roches. Quand la gelée arrive, cette humidité partout répandue se congèle. Il se produit alors, pour chaque particule d'eau, ce que nous avons vu dans le cas du tuyau crevé ou de la cruche fendue. Il importe peu que l'eau soit rassemblée dans quelque trou ou crevasse ou se trouve disséminée entre les grains des roches ou du sol. Quand elle gèle, elle se dilate, et ce faisant elle s'efforce de disjoindre les murs entre lesquels elle est confinée.

C'est de là que proviennent certains effets curieux et intéressants de la gelée sur le sol. Si vous parcourez une route après une gelée, vous verrez que les petites pierres ont été en partie expulsées de leur lit et que la surface de la route est devenue une couche de boue fine. La gelée a séparé les grains de sable et d'argile, comme s'ils avaient été pilés dans un mortier. A cause de cela,

la gelée rend de grands services au fermier en
divisant le sol et livrant aussi passage aux racines
et aux fibres des plantes. Quand une surface rocheuse a été bien baignée par la pluie et se
trouve alors exposée à la gelée, les grains de la
roche subissent la même pression de la part de
l'eau congelée dans leurs pores. Ceux-ci ne sont
pas si accessibles ni si spacieux cependant que
ceux du sol, et ils résistent beaucoup mieux à
l'action de la gelée. Naturellement, les roches les
plus poreuses, celles qui contiennent le plus
d'eau, sont aussi les plus soumises aux effets de
cette action. Les roches poreuses, telles que le
grès, sont souvent sujettes à une décomposition
rapide par la gelée. La pierre s'écaille en croûtes
successives; ses grains se désagrègent et sont ba-
layés par la pluie.

De plus, l'eau se gèle non-seulement entre les
grains constituants des roches, mais aussi dans
les nombreuses crevasses ou joints, comme on
les appelle, dont elles sont traversées. Vous avez
peut-être remarqué que sur la face d'une falaise,
ou dans une carrière, la roche est coupée par des
lignes courant plus ou moins dans une direction
verticale, et qu'au moyen de ces lignes la roche

est fendue par la nature et peut être alors divi-

Fig. 10. — Erosion d'une falaise.

sée par le carrier en gros blocs ou piliers à quatre pans. Ces lignes, ou joints, ont déjà été si-

gnalés comme servant de passage à l'eau qui
descend de la surface. Vous pouvez comprendre
qu'il ne peut s'introduire dans un joint que très-
peu d'eau à la fois ; mais peu à peu le joint s'élargit un peu et en laisse entrer davantage. Chaque
fois que l'eau gèle, elle fait tous ses efforts pour
écarter les deux parois. Après bien des hivers,
elle arrive enfin à les séparer quelque peu ;
alors il entre plus d'eau ; celle-ci exerce plus de
force en se congelant, et enfin le bloc de rocher
traversé par le joint est complètement détaché.
Quand cela a lieu sur la face d'une falaise, la
partie détachée tombe et roule au fond du précipice.

Ce genre de destruction est représenté dans
la gravure ci-contre, qui donne la section d'une
falaise dont les roches sont traversées par des
joints perpendiculaires.

Ces joints se sont élargis jusqu'à ce que de gros
blocs se soient détachés et soient tombés sur le
sol. Dans les contrées exposées à de rudes hivers,
la destruction causée par les gelées sur les lignes
de falaises escarpées est souvent énorme.

A part l'acide carbonique, l'oxygène et la gelée,
il est encore d'autres influences qui travaillent à

désagréger la surface de la terre. Par exemple,
quand pendant le jour les roches sont fortement
chauffées par un soleil ardent et que pendant la
nuit elles se refroidissent rapidement par la radiation, les dilatations et les contractions alterna-
tives causées par ces températures extrêmes dis-
joignent les particules de la pierre, les désagrègent et détachent même de la masse des croûtes
successives.

Les roches qui sont tantôt bien imbibées de
pluie, tantôt desséchées par les rayons du soleil
et par le vent, sont également sujettes à l'érosion.

Vous voyez par là que, par diverses causes, les
roches solides de la terre sont soumises à une
décomposition, à une destruction continuelle. Les
pierres les plus dures, comme les plus tendres,
doivent finir par céder, par s'émietter. Elles ne
le font pas, il est vrai, avec la même rapidité. En
examinant attentivement les murs d'un ancien
édifice, vous y constaterez les divers degrés de
destruction. Certaines pierres sont à peine attein-
tes, tandis que d'autres ont presque disparu. Vous
pouvez être certain que ce qui a lieu dans un
édifice doit aussi se passer dans la nature, et que

les falaises et les rochers formés d'une espèce de
pierre s'écrouleront plus vite que d'autres, et
d'une manière différente.

S'il est donc vrai, comme il l'est réellement,
qu'une destruction générale de la surface de la
terre va s'accomplissant, vous pouvez naturellement vous demander à quoi elle sert. Le monde
vous semble si beau, si splendide, que vous ne
pouvez peut-être vous figurer qu'il y ait à sa surface tant de ruines. Peut-être même inclinerez-
vous à regarder ces ruines comme un malheur
qu'on ne peut expliquer. Loin d'être un malheur
cependant, la désagrégation de la surface est
réellement nécessaire pour faire de la terre l'habitat des plantes et des animaux. Nous lui devons le creusement des vallées et des ravins et
les lignes pittoresques des rochers et des collines. Le sol est fait des débris des roches, et c'est
de la formation et du renouvellement du sol que
dépend notre nourriture quotidienne. Étudions
comment se produisent ces effets.

V. — Ce que deviennent les débris des roches. Formation du sol.

Ramassez une poignée de terre dans un champ ou un jardin, et examinez-la attentivement. De quoi est-elle faite ? Vous y remarquez de petits fragments de pierre, des particules de sable et d'argile, peut-être quelques fibres végétales ; toute la masse tire sa couleur foncée des restes décomposés des plantes et des animaux qui y sont disséminés. Voyons comment ces différents matériaux ont pu se trouver réunis.

Revenons à la destruction générale de la surface terrestre, à la dénudation, comme on l'appelle souvent. En réalité, bien que les roches se désagrègent et diminuent par conséquent de volume d'année en année, il n'y a aucune perte réelle de matière à la surface du globe. La substance de la roche se décompose, mais ne se détruit pas ; elle ne change que de condition et de forme. Que deviennent donc tous ces matériaux continuellement arrachés aux roches qui nous entourent ?

Chaque goutte de pluie qui tombe sur la terre

aide à altérer la surface. Vous avez suivi l'action *chimique* de la pluie qui dissout les parties des roches. C'est par la répétition constante de l'opération, goutte à goutte, pendant des séries d'années, que les roches s'usent et se dénudent. La pluie a aussi une action *mécanique*.

Voyez ce qui arrive quand les premières gouttes d'une pluie fouettante commencent à tomber sur

Fig. 11. — Empreintes de gouttes de pluie sur le sable ou l'argile.

la surface unie du sable, sur le rivage de la mer par exemple. Chaque goutte fait une petite empreinte ou impression, en écartant les grains de sable. Sur un terrain en pente, où les gouttes peuvent et se réunir et couler en descendant, elles poussent devant elles et emportent au loin les particules de sable ou d'argile.

Cela s'appelle une action mécanique, tandis que la dissolution véritable des particules, comme dans le cas du sel ou du sucre, est une action chimique. Chaque goutte de pluie peut agir soit de l'une ou l'autre de ces manières, soit de toutes les deux.

Vous verrez bien vite maintenant comment la pluie joue un rôle si important dans la destruction des roches. Non-seulement elle en dissout certaines parties et laisse à la surface une croûte désagrégée, mais elle balaye aussi cette croûte et expose ainsi une surface nouvelle à la décomposition. Il y a ainsi un transport continuel de pierre pulvérisée à la surface de la terre. Une partie de ces matières s'accumule dans les trous, sur les terrains en pente ou de niveau ; une partie est portée aux rivières et roulée par celles-ci dans la mer.

C'est de ces débris des roches que tous nos sols sont formés, en y mélangeant les restes des plantes et des animaux. Les sols diffèrent donc suivant l'espèce de roche dont ils sont constitués. Le grès, par exemple, donnera naissance à un sol sableux, la craie à un sol calcaire, les argiles, les marnes à un sol argileux.

Sans cette décomposition des roches en terre végétale, la terre ne serait pas, comme elle l'est, couverte de verdure. Des assises dénudées de pierre impérissable ne donneraient aucune prise aux racines des plantes ; mais, par la décomposition de leurs surfaces, les vallées et les plaines se recouvrent d'un sol fertile. Les parois et les falaises abruptes qui sont trop escarpées pour que leurs débris se rassemblent autour d'elles sont seules à rester nues et sans verdure.

Cette destruction de la surface de la terre étant continuelle, la formation du sol ne cesse pas. S'il n'en était pas ainsi, si après qu'une couche de terre s'est formée elle devait rester sans se renouveler, les plantes en enlèveraient peu à peu tous les éléments terreux et la laisseraient aride et épuisée. Mais, à mesure que la pluie en enlève lentement une certaine partie, des particules nouvelles sont enlevées aux roches par le même agent, tandis que la roche et le sous-sol se transforment incessamment en terre végétale. Les pierres éparses se décomposent aussi continuellement et font de la terre nouvelle. Ainsi, de jour en jour, le sol se renouvelle lentement.

Les plantes contribuent également à le former et le revivifier. Elles envoient leurs racines dans les joints des pierres et les élargissent. Leurs fibres décomposées fournissent la plus grande

partie de l'acide carbonique qui attaque les pierres et forment aussi presque toute la matière
organique du sol. Les vers eux-mêmes que vous
voyez en enlevant une pelletée de terre rendent
de grands services en mélangeant le sol et en
ramenant à la surface ce qui se trouve au-dessous.

Quand nous pensons à cette décomposition et
à ce renouvellement du sol, nous voyons qu'en
réalité toute la surface de la terre peut être con-
sidérée comme effectuant un mouvement de descente vers la mer. Les particules détachées des
flancs ou de la crête des hautes montagnes peuvent mettre des centaines ou des milliers d'années à faire le voyage ; elles peuvent séjourner
longtemps sur les pentes ; elles peuvent en être
balayées et former le sol des vallées ; elles peuvent, après de longues années, être emportées au
loin et déposées sur le lit d'une rivière ; elles
finiront toujours, après des haltes nombreuses,
par atteindre la mer.

Pour vous former une idée de l'action énergi-
que qu'exerce la pluie sur les particules détachées du sol, remarquez ce qui se passe, même
dans ce pays, après chaque série de fortes pluies.
Chaque filet d'eau, chaque ruisseau devient trouble

et boueux sous la quantité de terre, c'est-à-dire de roche décomposée, que balaye la pluie sur les pentes voisines. La boue qui trouble l'eau est faite des particules les plus fines des roches décomposées; les fragments plus grossiers se meuvent au fond de l'eau. En considérant ces ruisseaux à l'œuvre, en vous rappelant que ce qu'ils font maintenant, ils l'ont toujours fait pendant des siècles, vous comprendrez quels changements peut subir la surface d'un pays sous l'action d'une chose qui peut au premier abord sembler aussi insignifiante que la pluie.

VI. — Ruisseaux et rivières. Leur origine.

Nous devons maintenant revenir à ce que nous avons dit de la manière dont se distribuait la pluie. Vous vous rappelez qu'une partie s'enfonce dans le sol, et vous y avez suivi ses progrès jusqu'à ce qu'elle reparût à la surface. Vous avez maintenant à suivre, de la même façon, l'autre partie qui coule à la surface, dans les ruisseaux et les rivières.

Vous ne pourriez trouver un meilleur exemple pour éclaircir ce sujet que celui que présente un

chemin en pente douce pendant une forte averse.
Supposons que vous connaissiez un de ces chemins
et qu'au moment où la pluie commence vous
vous placiez en un point où la route possède une
pente bien marquée. Vous remarquez d'abord que
chacune des lourdes gouttes de pluie fait dans la
poussière ou dans le sable une de ces petites
empreintes que nous avons déjà décrites. A mesure que la pluie augmente, ces empreintes s'ef-
facent, et bientôt le chemin ruisselle d'eau. Voyez
maintenant comment cette eau se meut.

En examinant plus attentivement la route, vous
remarquez qu'elle est pleine d'aspérités; ici, c'est
une longue ornière, là une pierre faisant saillie,
et beaucoup d'autres inégalités que votre œil ne
pouvait facilement découvrir quand le chemin
était sec, mais que l'eau dévoile aussitôt. Chaque
petite fosse, chaque saillie affecte l'écoulement de
l'eau. Vous voyez comme les gouttes de pluie se
réunissent en minces filets d'eau courante qui
suivent tous les creux, et comme les pierres et les
mottes de terre saillantes dirigent ces filets tantôt d'un côté, tantôt de l'autre.

Vers le sommet de la pente, on ne voit que de
faibles filets d'eau; mais plus loin ils deviennent

à la fois moins nombreux et plus gros. Ils se réunissent pendant la descente, et ainsi les ruisselets plus forts et plus rapides qui courent au pied de la déclivité sont faits d'un grand nombre de filets plus petits venus de la partie supérieure.

Ce chemin incliné, avec ses petits ruisseaux qui en descendent les pentes et se réunissent en courants plus forts à mesure qu'ils avancent, montre très-bien la manière dont la pluie parcourt la surface déclive d'un pays ou d'un continent, et nous poursuivrons l'étude de cet exemple.

Pourquoi l'eau descend-elle les pentes du chemin? Pourquoi les rivières coulent-elles et se meuvent-elles constamment dans la même direction? Pour la même raison qu'une pierre, qui s'échappe de votre main, tombe sur le sol : parce qu'elles sont soumises à l'attraction vers le centre de la terre, à laquelle on donne, comme vous savez, le nom de *pesanteur*. Chaque goutte de pluie tombe sur la terre parce qu'elle est sous l'action de cette force. Quand elle atteint le sol, elle est toujours sous la même influence, et elle descend dans le premier canal qu'elle peut trouver. Sa chute des nuages sur la terre est directe et rapide; sa descente des montagnes vers la mer, comme partie d'un cours d'eau, est souvent longue et lente ; mais la cause du mouvement est identique dans les deux cas. Les sinuosités des cours d'eau, la course des rapides, le grondement des cataractes, le flux silencieux des courants profonds et tranquilles sont toutes preuves de l'action puissante qu'exerce la pesanteur sur toutes les eaux du globe.

Attirée donc de cette façon par l'action de la gravité, toute la pluie qui ne pénètre pas dans la terre doit se mettre à descendre les pentes les plus voisines et continuer à couler tant qu'elle le peut. Il y a à la surface de la terre des excavations appelées *lacs* qui arrêtent une partie des eaux qui s'écoulent, exactement comme il y a sur le chemin des creux qui rassemblent un peu d'eau de pluie.

Dans la plupart des cas cependant, ils laissent s'échapper l'eau à leur extrémité inférieure avec la même vitesse qu'elle y arrive à leur extrémité supérieure, et ils ne servent pas, par conséquent, de points d'arrêt permanents à l'eau. Les cours d'eau qui s'échappent des lacs poursuivent leur route, se dirigeant toujours vers la mer. Leur cours est toujours descendant, et la mer est le grand réservoir où vient sans cesse se déverser toute l'eau de la terre.

Si la surface d'un pays avait la forme d'un faîte régulier, comme le toit d'une maison, la pluie s'écoulerait rapidement des deux côtés dans la mer; mais tel n'est aucunement le caractère de la surface terrestre. Les montagnes, les collines, les vallées, les gorges et les lacs lui donnent un aspect fort varié et irrégulier. A part même ces grandes inégalités qui frappent l'œil à première vue, les endroits même qui paraissent au premier abord parfaitement plans offrent d'ordinaire une pente quelconque ou quelque légère irrégularité.

Ainsi, sur la route, vous découvriez beaucoup de petites inégalités de surface que la pluie seule vous faisait remarquer. L'eau mesure fort exactement tous les niveaux d'un pays. Elle ne remonte pas les pentes et cherche toujours le point le plus bas qu'elle peut trouver.

Vous voyez donc, que bien que la pluie puisse tomber également sur toute la surface d'un pays, elle ne peut couler également sur cette surface, parce que le sol est inégal et qu'elle en remplit tous les trous. C'est cette inégalité qui fait que la pluie se rassemble dans les ruisseaux et ceux-ci dans les rivières.

Les ruisseaux et les rivières d'une contrée sont ainsi les conduits naturels par lesquels l'excès de pluie, inutile au sol et aux sources, retourne à la mer. Quand nous considérons la grande abondance de pluie et le nombre énorme de ruisseaux qui sillonnent les parties élevées du pays, il nous paraît d'abord à peine possible que tous ces courants puissent atteindre la mer sans inonder les terres plus basses. La chose n'a pas lieu cependant, parce que, quand deux courants se réunissent en un seul, ils n'exigent pas un lit deux fois aussi large qu'auparavant. Au contraire, une semblable réunion donne souvent naissance à un cours d'eau qui n'est pas aussi large qu'aucun des deux qui l'ont formé. Il devient seulement plus rapide et plus profond. De cette manière, les milliers de ruisselets, en se réunissant pendant leur descente, prennent de moins en moins de place, et enfin l'excès des eaux de toute une vaste région se rend à la mer par le lit d'un fleuve unique.

Revenons encore à notre exemple du chemin battu par la pluie. En partant du pied de la pente, vous voyez les ruisseaux de pluie devenir de plus en plus petits, et en arrivant au haut ils ont disparu. Si cependant vous descendiez la route sur l'autre versant, vous en rencontreriez probablement d'autres courant dans cette direction opposée. Au sommet, la pluie semble se diviser, une partie s'écoulant d'un côté, une partie de l'autre.

De la même façon, si vous remontiez une rivière en partant de la mer, vous la verriez devenir plus étroite en vous enfonçant dans les terres, se ramifier de plus en plus en courants tributaires et ceux-ci enfin se subdiviser en petits ruisseaux presque infinis. Prenez l'une des branches qui se réunissent pour former le cours d'eau principal, et remontez-la. Vous arriverez enfin à l'origne d'un petit ruisseau, et en poussant un peu plus loin vous atteindrez le sommet des deux côtés duquel tous les ruisseaux coulent dans des directions opposées. La ligne qui sépare ainsi deux systèmes de cours d'eau s'appelle *ligne de partage*.

En Angleterre, par exemple, une série de rivières s'écoule dans l'Atlantique, une autre dans la mer du Nord. Si vous tracez sur la carte une ligne séparant tous les ruisseaux qui coulent d'un côté de tous ceux qui coulent de l'autre, cette ligne marquera le partage du pays.

Il est cependant un point important où l'exemple du chemin est tout à fait faux. C'est seulement quand la pluie tombe, ou immédiatement après une forte averse, qu'on voit courir tous les petits ruisseaux sur la route. Quand la pluie cesse, l'eau commence à sécher, et en peu de temps le chemin redevient ferme et poussiéreux. Les ruisseaux et les rivières, au contraire, ne cessent pas de couler quand la pluie cesse de tomber. Pendant la chaleur de l'été, quand peut-être aucune pluie n'est tombée depuis bien des jours, les rivières continuent à rouler leurs eaux, moins abondantes peut-être qu'elles ne l'étaient en hiver, mais cependant en masse considérable encore. D'où tirent-elles ces eaux? Si vous vous souvenez de ce qu'on vous a déjà dit des eaux souterraines, vous répondrez que *les rivières sont alimentées par les sources aussi bien que par la pluie.*

Quoique le temps puisse être sec, les sources continuent à fournir leurs eaux et celles-ci alimentent les rivières. Si cependant une grande sécheresse survient, la plupart des sources, surtout les moins profondes, se tarissent et les rivières qu'elles

entretiennent diminuent de volume ou se dessè-
chent entièrement. C'est le cas pour les rivières
de ce pays qui sont toutes relativement très-peti-
tes. Les grands fleuves du globe, comme le Mississipi, reçoivent leurs eaux d'un territoire si vaste
qu'aucune pluie ou aucune sécheresse locale ne
peut apporter de sensibles différences dans leur
masse.

Dans quelques parties du monde cependant,
les rivières sont plus grosses en été et à l'au-
tomne qu'elles ne le sont au printemps et en hiver. Le Rhin, par exemple, commence à monter
quand la chaleur de l'été augmente et à décroître
quand arrivent les froids de l'hiver. La raison en
est que le fleuve prend sa source dans des montagnes neigeuses. La neige fond rapidement en été,
et l'eau qui s'en écoule se rend dans les ruisseaux
et les rivières, qui se gonflent ainsi rapidement.

En hiver, au contraire, la neige reste intacte,
l'humidité qu'abandonne l'atmosphère prend surtout la forme de neige, et le froid est assez fort
pour geler tous les ruisseaux. Tout cela est cause
qu'en hiver la source de ces rivières diminue
beaucoup et que les rivières elles-mêmes baissent
en proportion.

Résumé. — Récapitulons ce que nous venons d'apprendre sur la circulation de l'eau.

L'eau exécute continuellement un mouvement descendant des parties les plus hautes de la terre jusqu'à la mer. Elle ne se répand pas sur toute la surface, mais se rassemble dans les creux, où elle forme des courants sinueux qui cherchent toujours un niveau inférieur et finissent par se perdre dans la mer. De la mer se dégagent constamment des vapeurs qui, après s'être mélangées à l'air, s'en séparent et se condensent sur la terre sous forme de pluie ou de neige qui alimente les courants descendant vers la mer. La circulation de l'eau est incessante.

VII. — Ruisseaux et rivières. Leur action.

Aux premières pages de ce livre, on vous a demandé d'examiner les allures d'une rivière. Retournons au même point, mais avant la tempête que nous avons décrite. La rivière n'est pas encore gonflée par la pluie soudaine et abondante. Elle coule doucement sur son lit caillouteux, ne le couvrant pas tout entier peut-être et laissant

sur les côtés des bandes de gravier et des mares
d'eau entre lesquelles le courant limpide, fort di-
minué par la sécheresse, poursuit sa route. La
rivière semble ne faire autre chose que porter
indolemment l'excès des eaux vers la mer. Vous
apprendrez peut-être avec surprise qu'elle a quelque travail à exécuter et qu'elle l'exécute même
en ce moment.

Considérez d'où viennent ses eaux. Nous avons
vu qu'elle vient en grande partie des sources, et
que toute eau de source contient plus ou moins
de matière minérale dissoute. Chaque rivière, par
conséquent, charrie non-seulement de l'eau, mais
aussi une grande quantité de matières minérales
dans la mer. On a calculé, par exemple, que le
Rhin porte chaque année dans la mer du Nord
assez de chaux pour former trois cent trente-deux
mille millions de coquilles d'huitres. Cette matière dissoute chimiquement n'est pas visible et
n'affecte en rien la couleur de l'eau. A tous les
moments de l'année, aussi longtemps que l'eau
coule, ce transport invisible de l'un ou l'autre
élément des roches se continue.

Revoyons maintenant cette même rivière quand
elle est grossie. L'eau n'est plus claire : elle est

foncée et sale. Vous savez que cette coloration provient de la boue et du sable en suspension. Regardez pendant quelques heures le torrent trouble et gonflé qui roule dans son lit. Pendant ce temps, il passera devant vous de nombreuses tonnes de gravier, de sable et de boue. Vous voyez donc que, à part la matière minérale en solution chimique, la rivière court vers la mer, chargée de vastes quantités d'autres matières visibles. Il est évident par là qu'une grande part de l'œuvre des rivières doit être de transporter les parties détachées des terres, que leur apportent les sources et la pluie.

Les rivières elles-mêmes contribuent aussi à la destruction de la surface de la terre. Vous vous en assurerez facilement en examinant les bords ou le lit d'un cours d'eau quand son ruisseau est bas. Quand le courant coule sur des roches dures, vous trouvez ces roches usées et polies; les pierres gisant au fond sont toutes plus ou moins arrondies et polies. Lorsque ces pierres furent autrefois détachées par la gelée ou quelque autre cause des roches ou des falaises, elles avaient des angles aigus, comme vous pouvez vous en assurer en examinant les blocs gisant au fond de quelque

précipice ou au pied de quelque banc de roc
escarpé. Une fois qu'ils tombent, ou qu'ils sont
entraînés dans la rivière, ils commencent à rouler
et à se polir, jusqu'à ce que leurs angles aigus
soient usés et qu'ils en arrivent à prendre ces
formes douces et arrondies que nous voyons au
gravier ordinaire.

Ces pierres, tout en s'usant elles-mêmes, servent en même temps à user les roches qui forment
les rives et le fond du cours d'eau sur le lit duquel
elles roulent.

Vous pouvez même voir dans certains remous
comment les pierres se meuvent circulairement
et finissent par creuser de véritables cavités arrondies, appelées *marmites*, dans la roche solide.
Quand les eaux sont basses, pendant les séche-
resses de l'été, certaines de ces cavités se trouvent à découvert, et vous pouvez alors observer
comme elles ont été bien polies. Leur aspect
général est représenté dans la figure 12.

Il est évident que deux résultats doivent suivre
ce polissage, cette usure incessante des roches
et des pierres dans le lit d'un cours d'eau. En
premier lieu, il doit se produire une grande
quantité de limon et de sable, et en second lieu

le lit de la rivière, usé de la sorte, doit devenir

Fig. 12. — Marmites creusées par un cours d'eau dans les roches de son lit.

plus large et plus profond. Le sable et le limon s'ajoutent aux autres matières semblables ame-

nées par la pluie et provenant de la dénudation
des surfaces terrestres. C'est de l'élargissement et
de l'approfondissement des cours d'eau que provient le creusement dans le roc solide des gorges
et des ravins à l'aspect pittoresque.

Vous venez de voir pourquoi les rivières sont
boueuses. Cherchons maintenant ce que deviennent
la boue, le sable, le gravier et les blocs de pierre
qu'elles transportent continuellement.

Regardez encore le lit d'une rivière en été. Il
est couvert d'une couche de gravier à certains
endroits, de bancs de sable à d'autres, tandis
que çà et là un fragment de roche dure fait
saillie sur ces différents fonds. Fixez les yeux sur
une portion de ces matières libres, vous verrez
qu'elle change continuellement de place. Un
banc de sable ou de gravier peut subsister longtemps; mais les petites pierres, les grains dont il
est formé changent continuellement, sous l'impulsion de l'eau. En réalité ces matières libres sur
lesquelles coule la rivière sont quelque chose
comme la rivière elle-même. Si vous revoyez ces
rives après de longues années, la rivière est encore là avec ses rides, ses remous et son doux
murmure, mais à chaque minute ses eaux ont

changé et changent encore sous vos yeux. Aussi,
quoique le lit soit toujours plus ou moins couvert
de matières mobiles, celles-ci ne sont pas toujours les mêmes. Elles sont continuellement poussées en avant, et d'autres, venues d'amont, arrivent prendre leur place.

Ce n'est donc pas dans le fond des rivières
que les matériaux détachés de la surface de la
terre peuvent trouver le repos. Elles se débar-
rassent pourtant dans leur cours d'une bonne
partie de ces matières. Vous avez peut-être remarqué que les fleuves sont souvent bordés
d'une bande de plaines plates, dont la surface
n'est qu'à quelques pieds au-dessus du niveau de
l'eau. La plupart de nos rivières ont de ces rives
et serpentent à travers de larges plaines unies et
semblables à des prairies. En réalité, ces plaines
sont faites des particules les plus fines des
roches décomposées, que l'eau a charriées.
Pendant les inondations, la rivière, boueuse et
gonflée, s'élève au-dessus de ses bords et se répand sur les terrains bas des deux côtés. Alors
l'eau, qui déborde, se meut plus lentement sur ces
terrains plats, et son courant, ralenti, ne peut retenir autant de limon et de sable, et laisse se

GEIKIE. — XLIX.   8

déposer au fond une partie de ces matières. De cette façon, les rives inondées se recouvrent d'une couche de limon, et, quand les eaux se retirent, cette couche ajoute un peu à la hauteur de la plaine ; la même chose se reproduit chaque année, et par degrés la plaine s'élève tellement que la rivière — qui pendant ce temps est occupée de son côté à approfondir son lit — ne peut plus la recouvrir même aux plus hautes eaux.

Fig. 13. — Section des terrasses successives (1, 2, 3) formées par une rivière le long d'une vallée (S, S).

Dans le cours des temps, la rivière, dans ses sinuosités, détache des tranches de la plaine et se forme un nouveau lit à un niveau inférieur. Une série de terrasses se créent de la sorte graduellement, s'élevant par gradins au-dessus de la rivière.

Cependant le dépôt de sable et de limon qui forme ainsi ces terrasses n'est après tout qu'un emploi temporaire de ces matières. Elles peuvent encore être emportées, et elles le sont continuellement, par la rivière qui ronge ses bords.

Quand le courant d'une rivière se ralentit à
son entrée dans la mer ou dans un lac, la vitesse
plus faible de l'eau permet au sable et au limon

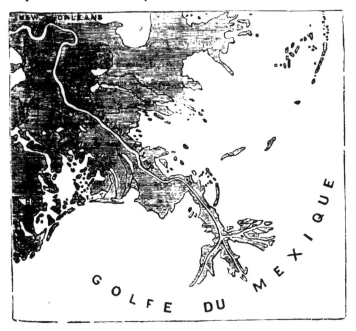

Fig. 14. — Delta du Mississipi.

de gagner le fond. Par degrés, certaines parties
de ce fond s'exhaussent de cette façon jusqu'à la
surface de l'eau, et de larges espaces marécageux se forment de chaque côté du courant

principal. Pendant les crues, ces espaces se recouvrent d'eau bourbeuse de la même manière que dans le cas des plaines de la vallée, et une couche de limon ou de sable se dépose sur eux ; ils finissent par s'élever lentement au-dessus du niveau ordinaire de la rivière qui serpente parmi eux en courants ramifiés à l'infini. La végétation s'établit sur ces terres plates et marécageuses ; les animaux y trouvent nourriture et abri, et le travail des eaux a créé de la sorte un territoire nouveau.

Ces terres plates, formées par les fleuves, s'appellent deltas, parce que celui du Nil, qui fut le mieux connu des anciens, avait la forme de la lettre grecque Δ (*delta*). C'est la forme générale que prennent les accumulations aux embouchures des rivières. Le delta se rétrécit vers les terres et s'élargit vers la mer. Quelques-uns sont d'une énorme étendue, celui du Mississipi par exemple.

Chaque delta est donc fait de matériaux détachés de la surface de la terre et entraînés par les cours d'eau. Si vastes que soient certains d'entre eux, ils ne représentent pas toute la somme de matière ainsi enlevée. Une grande quantité est portée beaucoup plus loin et se dépose au fond de la mer, car la mer est le grand bassin où vont continuellement se déverser les dépouilles de la terre.

VIII. — Champs de neige et glaciers.

Ayant ainsi suivi les traces de l'eau qui tombe en pluie sur la terre, nous arrivons à celles que parcourt la neige.

La neige séjourne une grande partie de l'année sur le sommet de quelques-unes des plus hautes montagnes de la Grande-Bretagne. Sur certaines d'entre elles, il y a même des cavités profondes où vous pouvez rencontrer d'épais amas de neige même au cœur de l'été. Ce n'est cependant que sur ces points froids et abrités que la neige reste sans fondre.

Mais dans d'autres parties de l'Europe, où les montagnes sont plus élevées, les pics et les épaulements supérieurs brillent toute l'année, couverts d'une neige compacte. Peut-être n'est-il rien dans le monde qui vous impressionne autant que le silence et la grandeur de ces hautes régions neigeuses. Vues des vallées, les montagnes paraissent si vastes et si éloignées, si blanches et si pures, reflétant d'une façon si merveilleuse

toutes les nuances du ciel au lever ou au coucher
du soleil, qu'elles vous semblent d'abord plutôt
faire partie de la voûte céleste que de la terre
que nous foulons. Mais c'est surtout quand vous
vous trouvez au milieu d'elles que leur merveilleuse grandeur vous frappe. Des pics et des aiguilles de la plus éclatante blancheur brillent sur
le bleu foncé du ciel, sillonnés çà et là de lignes
d'ombre pourpres ou d'amas de roche sombre per-
çant le manteau blanc qui étend de toutes parts
ses plis sur les sommets et les pentes, et envoie
ses longues langues de glace bleuâtre jusqu'aux
prairies et aux vignobles de la vallée. Un profond
silence règne dans ces hautes régions glacées. De
temps en temps, une bouffée de vent apporte le
son de quelque cascade éloignée ou le bruit d'un
torrent de montagne. Parfois aussi, on entend un
grondement semblable à celui du tonnerre, quand
quelque masse de neige ou de glace, détachée
de sa base, roule dans les précipices; mais tous
ces bruits, une fois qu'ils ont cessé, ne font que
rendre le silence plus profond.

Recherchons quelles sont les causes de la présence
de la neige dans ces régions et quel rôle joue
cette neige dans le mécanisme général du monde.

Vous savez que les parties supérieures de l'atmosphère sont extrêmement froides. Vous savez aussi qu'à l'extrême nord et à l'extrême sud, autour de ces deux points opposés de la surface de la terre qu'on appelle les pôles, le climat est extrêmement froid, si froid qu'il donne naissance à d'énormes étendues de glace et de neige, où la terre et la mer sont gelées, où la chaleur de l'été n'est pas suffisante pour fondre la glace et chasser toute la neige. Entre ces deux régions polaires du froid, partout où les montagnes sont assez élevées pour atteindre les hautes couches de l'atmosphère, où la température est ordinairement au-dessous du point de congélation, la vapeur condensée tombe sur elles, non en pluie, mais en neige. Leurs cimes et leurs croupes supérieures se couvrent ainsi de neiges perpétuelles.

Dans ces hautes régions montagneuses, la chaleur de l'été fond toujours la neige des sommets les plus bas, mais elle laisse couverts les sommets les plus élevés. Chaque année, on remarque qu'il existe une ligne, une limite en dessous de laquelle le sol se débarrasse de sa neige et au-dessus de laquelle la neige subsiste.

Cette limite s'appelle *limite des neiges* ou *limite
des neiges perpétuelles.*

Sa hauteur varie dans les différentes parties
du monde. Elle est plus élevée dans les régions
plus chaudes des deux côtés de l'équateur, où
elle atteint 15,000 pieds au-dessus du niveau de
la mer. Dans les froides régions polaires, d'un
autre côté, elle se rapproche de ce niveau. En
d'autres termes, tandis que dans les régions
polaires le climat est si froid qu'on trouve les
neiges perpétuelles tout près du niveau de la
mer, les régions équatoriales sont si chaudes
que vous pouvez vous élever de plusieurs mille
pieds avant d'atteindre les couches froides de
l'air où la neige peut séjourner toute l'année.

Vous avez sans doute déjà vu une tempête de
neige. D'abord, quelques flocons tourbillonnent
dans l'air ; ils deviennent plus nombreux et plus
gros, le sol apparaît tout blanc. Les heures se
passant, tout le pays se recouvre d'un linceul
blanc de plusieurs pouces d'épaisseur. Vous
voyez quelle différence il y a entre la pluie et la
neige. Si la pluie était tombée pendant le même
espace de temps, les routes et les champs seraient
restés visibles, car chaque goutte, au lieu de

rester au point où elle est tombée, se serait ou enfoncée dans le sol, ou écoulée dans le ruisseau le plus proche. Chaque flocon de neige, au contraire, reste où il tombe, à moins qu'il ne lui arrive d'être soulevé et emporté par le vent en quelque autre endroit où il finit par reposer. La pluie disparaît du sol sitôt qu'elle peut, la neige y reste autant qu'elle peut.

Vous voyez aussitôt que cette différence marquée doit donner naissance à des différences également fortes dans les allures futures de ces deux formes de l'eau. Vous avez suivi les progrès de la pluie; recherchons maintenant ce qu'il advient de la neige.

Dans un pays comme le nôtre, où il n'y a pas de neiges perpétuelles, vous pouvez sans grande difficulté répondre à la question. Chaque couche de neige, en hiver, reste sur le sol aussi longtemps que l'air n'est pas assez chaud pour la fondre. L'évaporation, d'ailleurs, a lieu à la surface de la neige et de la glace aussi bien qu'à celle de l'eau, de sorte qu'une couche de neige finirait par disparaître absorbée en vapeur par l'air, même si aucune de ses parties ne s'était fondue en eau courante. C'est surtout ce que nous appelons un *dégel* qui fait disparaître la neige, c'est-à-dire une élévation de la température et la fonte de la neige qui en résulte. Quand celle-ci fond, elle s'infiltre dans le sol ou s'écoule dans les ruisseaux de la même façon que la pluie. Nous n'avons pas besoin de la suivre ; son chemin est le même que celui de l'eau de pluie. Sachez seulement que si une épaisse couche de neige vient à se fondre subitement, une grande quantité d'eau se trouvera répandue sur le pays, et les ruisseaux et les rivières grossiront rapidement. De grands dégâts peuvent être causés par cette élévation subite des cours d'eau et l'inondation de leurs rives.

Dans les régions de la neige perpétuelle, la chaleur de l'été ne peut fondre toute la neige qui y est tombée pendant l'année. Quelle autre issue peut alors trouver toute cette humidité congelée ? Qu'elle ait quelque moyen de quitter le flanc des montagnes, la chose est claire, car sans cela, si elle s'y accumulait d'année en année, de siècle en siècle, les montagnes se transformeraient en vastes masses de neige, s'élevant toujours vers le ciel et s'étendant de tous côtés de manière à recouvrir par degrés toutes les basses terres voisines. **Rien** de tout cela n'arrive. Ces hauteurs **neigeuses** gardent le même aspect solennel de **génération** en génération. Leurs lignes bien connues ne disparaissent pas sous une épaisseur de neige toujours croissante.

Vous vous rappelez que l'excès des pluies s'écoule au moyen des rivières. Eh bien, au-dessus de la ligne des neiges, l'excès de celle-ci possède un mode semblable de drainage. Il s'écoule au moyen des *glaciers*.

Quand une épaisseur considérable de neige s'est accumulée, la pression qui s'exerce sur les couches inférieures les fait se prendre en masse compacte. La surface du sol est presque toujours inclinée dans quelque direction, rarement de niveau, et, comme vous savez, les pentes, sur les hautes montagnes, sont souvent très-raides. Quand la neige s'accumule profondément sur un sol en pente, il arrive un moment où la force de gravité surpasse la tendance de la neige pressée à rester où elle est, et alors cette neige commence à descendre lentement la pente. De cette pente elle passe à une autre, jointe continuellement par d'autres masses qui glissent des déclivités voisines, et elle finit par former une langue allongée qui

descend en rampant dans quelque vallée où elle
se fond. Cette langue projetée par les champs
de neige est le glacier. Il draine en réalité ces
champs de leur excès de neige, comme une rivière
draine un district de son excès d'eau.

Mais le glacier qui sort des champs de neige
est fait lui-même de glace et non de neige. Celle-
ci, en glissant, se transforme en glace par la pression. Vous avez vu que chaque flocon de neige
est fait de petits cristaux de glace. Une masse de
neige n'est ainsi qu'une masse de petits cristaux
séparés par de l'air. Si la neige subit une pression, l'air est expulsé, et les cristaux de glace se
réunissent et se congèlent en une masse solide.
Vous savez qu'on peut rendre une boule de neige
très-dure en la pressant entre les doigts. Plus
vous la pressez, plus elle durcit. C'est justement
ce qui se passe quand un glacier se forme avec les
neiges éternelles. Vous expulsez l'air de la boule,
et vous permettez aussi aux petites particules de
glace de se souder les unes aux autres en formant un morceau de glace compacte ; mais,
comme vous ne pouvez chasser tout l'air, la balle,
après tous vos efforts, reste blanche à cause des
bulles emprisonnées. Dans les champs de neige,

au contraire, où la pression est immensément plus grande que la vôtre, l'air est de plus en

Fig. 45. — Aiguille de glace.

plus expulsé, et la neige finit par se transformer en glace limpide et transparente.

Un glacier est donc une véritable rivière de glace sortant des champs de neige. Il descend

quelquefois fort en dessous de la ligne des neiges,
rampant très-lentement le long de la vallée qu'il
remplit d'un versant à l'autre. Sa surface fond
pendant le jour, en été, et des ruisseaux d'eau
limpide coulent sur la glace ; quand la nuit
arrive, ces ruisseaux gèlent. Le glacier finit par
atteindre quelque point de la vallée qu'il ne peut
dépasser, car la chaleur de l'air fond la glace à
mesure qu'il avance. Le glacier finit alors, et de
son extrémité qui fond sans cesse s'échappent des
ruisseaux d'eau trouble qui se réunissent en rivière courante emportant au loin le produit du
drainage des champs de neige supérieurs.

Sur son chemin le glacier se **fend** et se brise
de la manière la plus étrange : il forme des
tours, des aiguilles, des formes fantastiques,
dues à l'action des éléments et qui ressemblent
à des sculptures grossières (fig. 15).

La figure 16 représente quelques-uns des carac-
tères principaux d'un glacier.

Dans le fond se dessinent les hauteurs neigeuses
où s'étendent les champs de neige. La neige descend des deux côtés dans la vallée principale, où
elle forme le glacier, qui suit toutes les sinuosités
de la vallée et finit brusquement, comme vous

voyez ; une rivière, alimentée par la fonte des glaces, s'échappe au bas.

Une rivière use les bords et le fond de son lit

Fig. 16. — Vue d'un glacier, avec ses moraines, ses blocs de rochers isolés, ses roches polies et arrondies par la glace, et la rivière s'échappant au bas.

et se creuse ainsi un chemin dans les roches les plus dures aussi bien que dans le sol le plus meuble. Elle entraîne une grande quantité de boue, de sable et de pierres de la terre dans la mer. Le glacier accomplit le même travail, mais d'une manière très-différente.

Quand des pierres tombent dans une rivière, elles gagnent le fond, le long duquel elles sont poussées par le courant. Quant au limon, il reste suspendu dans l'eau qui l'emporte. La glace, elle, est une substance solide. Les pierres et la boue qui tombent sur sa surface y restent et sont emportées en avant avec toute la masse mouvante du glacier. Ils forment de longues lignes de débris sur le glacier, comme le montre la figure 16, et portent le nom de *moraines*. Cependant la glace se brise souvent en formant de profondes fissures qui s'ouvrent à la surface en *crevasses* béantes, crevasses qui engloutissent une bonne partie de la terre et des pierres détachées par la gelée ou autrement des deux flancs de la vallée.

Les pierres et les grains de sable qui se trouvent pressés entre la glace et la roche sur laquelle elle se meut rayent et entaillent cette roche. Ils forment une espèce de poudre à polir grossière à l'aide de laquelle le glacier broie le fond et les parois de son lit. En pénétrant sous la glace ou en examinant quelque point d'où la glace s'est retirée, vous trouverez la surface des roches

toute polie et sillonnée de longues raies tracées
par les angles aigus des pierres et du sable.
Quelques blocs de rocher usés et arrondis par

Fig. 17. — Crevasse d'un glacier

la glace sont représentés au premier plan de la
gravure.

Vous voyez maintenant pourquoi la rivière qui

Geikie. — XLIX.   9

s'échappe à l'extrémité d'un glacier est toujours boueuse. Le dessous du glacier est hérissé
de pierres qui raclent et usent la roche sous-

Fig. 18. — Crevasses courtes d'un glacier.

jacente. Il se produit ainsi une grande quantité
de boue fine qui, emportée par l'eau qui coule
dans les canaux inférieurs du glacier, finit par

être entraînée dans les torrents troublés qui s'échappent du dessous de la glace.

Non-seulement un glacier est toujours occupé à se creuser un lit dans les montagnes, il fait aussi descendre sur son dos d'énormes quantités

Fig. 19. — Bloc erratique amené des Alpes par un ancien glacier et déposé sur les montagnes du Jura.

de rochers, de terre et de pierres qui se sont détachées des parois latérales. Des blocs de rocher aussi gros qu'une maison peuvent être ainsi transportés à de grandes distances et se déposent au point où la glace fond. Dans la figure 20, on a dessiné une de ces énormes masses de pierre. Des milliers de tonnes de pierres et de terre sont transportées chaque année sur la glace, des hautes montagnes neigeuses jusqu'aux vallées qu'atteignent les glaciers.

Les plus grands glaciers du monde sont ceux des régions polaires. Le Groënland est en réalité enseveli sous un immense glacier qui projette

Fig. 20. — Pierre détachée, polie et rayée sous un glacier.

de longues langues de glace dans les vallées et jusque dans la mer. Dans ce dernier cas, il s'en détache des portions qui flottent et prennent le nom d'*icebergs*. Les glaciers qui couvrent ces froides régions sont tellement énormes que les icebergs qui en dérivent s'élèvent souvent à plusieurs centaines de pieds au-dessus des vagues qui battent leurs flancs, et cepen-

dant la portion immergée est environ sept fois
plus forte que la partie qui surnage, si consi-
rable que soit celle-ci. Vous pouvez facilement
vous en rendre compte en examinant de combien

Fig. 21. — Icebergs en mer.

sort de l'eau un morceau de glace placé dans un
verre. Enfoncés de la sorte profondément dans
la mer, les icebergs flottent çà et là et finissent
par se fondre, quelquefois à plusieurs centaines
de milles des glaciers d'où ils se sont détachés.

Les figures 22 et 23 représentent une banquise arctique et une masse de glace observée sur le glacier des Bessons, en Suisse ; la ressemblance

Fig. 22. — Banquise des mers polaires.

de forme de ces deux masses de glace indique bien que leur origine est la même, et que la banquise est une portion détachée d'un glacier.

Vous verrez ailleurs qu'il y eut autrefois des glaciers dans les Iles-Britanniques. Vous pourrez étudier par vous-même des roches qui ont été

Fig. 23. — Masse observée sur le glacier des Bessons (en Suisse).

usées et rayées par la glace et de gros blocs de rochers, des piles de pierres qu'elle a charriées à sa surface.

Dans les Galles et le Cumberland, dans beaucoup de parties de l'Ecosse, en Irlande, on peut trouver de ces traces laissées par la glace. Ainsi, en étudiant les glaciers vous n'apprenez pas seulement ce qui se passe sur d'autres terres éloignées, vous acquérez aussi des connaissances qui vous deviendront peu à peu fort utiles, même dans votre propre pays.

CHAPITRE V

LA MER

I. — Groupement de la terre et de la mer.

Comme nous vivons sur la terre, que nous sommes familiarisés avec les formes diverses que prend sa surface, les plaines, les vallées, les collines, les montagnes et ainsi de suite, nous sommes portés à croire que la terre forme la plus grande partie du globe. Beaucoup de personnes qui vivent à l'intérieur du pays n'ont jamais quitté la terre et n'ont jamais vu en fait d'eau qu'une rivière, un lac et peut-être même un grand réservoir. Cependant, si vous marchiez droit devant vous à travers la Grande-Bretagne, vous arriveriez aux limites de la terre ferme, et vous vous trouveriez en face d'une vaste étendue d'eau. Si vous preniez place sur un vaisseau, vous pourriez faire à la voile le tour complet de ce pays, et vous prouveriez par là que la Bretagne est une *île*.

Supposons qu'au lieu de faire le tour de ce pays, ce que vous accompliriez facilement en peu de semaines, vous vous dirigiez droit vers l'ouest. Vous devriez naviguer pendant plus de deux mille milles avant de toucher terre de nouveau.

Si vous dirigiez votre vaisseau plus au midi, vous pourriez voyager pendant des mois sans voir aucune terre, et vous arriveriez enfin en vue des montagnes de glace qui bordent la terre autour du pôle central. Vous apprendriez par là qu'une énorme étendue de la surface du globe est occupée par l'eau.

On s'est assuré qu'en réalité l'eau couvre environ les deux tiers de la surface du globe. Nous ne pouvons nous en rendre compte par ce que nous voyons dans ce pays ou dans n'importe quel autre. Seuls, les hommes qui ont fait le tour du monde et l'ont parcouru dans de nombreuses directions ont pu faire connaître la proportion des terres et des mers.

Prenez une sphère, et faites-la tourner lentement sur son axe. Vous voyez d'un coup d'œil combien la surface de l'eau est plus grande que la surface de la terre. Vous remarquerez encore d'autres choses intéressantes touchant la distribution de la terre et de l'eau.

En premier lieu, vous voyez que l'eau est réunie toute entière en une grande masse unique, que nous appelons *mer*. La terre, au contraire, est fort divisée par la manière dont la mer y pénètre ; certaines parties sont même tout à fait séparées de la masse principale et forment des îles dans la mer. La Bretagne est un de ces morceaux de terre ainsi séparés.

En second lieu, vous ne pouvez manquer de remarquer que les terres sont beaucoup plus vastes au nord qu'au sud de l'équateur. En faisant tourner votre sphère de façon que votre œil tombe droit sur la ville de Londres, vous apercevez la plus grande partie des terres du globe ; si vous faites faire un demi-tour au globe et que vous regardiez droit sur la Nouvelle-Zélande, vous verrez la plus grande partie des mers. Londres est ainsi au centre de l'hémisphère des terres, au milieu des contrées terrestres. Cette position cen-

trale n'a pas dû être sans influence sur le développement du commerce britannique.

En troisième lieu, vous remarquerez que, par
la manière dont les masses de terre sont disposées, des parties de la mer sont jusqu'à un certain point séparées les unes des autres. Ces masses
de terre s'appellent *continents*, et les vastes étendues d'eau qui les séparent se nomment *océans*.

Représentez-vous à l'esprit que la surface de la
partie solide du globe est irrégulière ; certaines
portions s'élèvent en larges renflements et en
faîtes, d'autres s'enfoncent en cavités profondes
et en bassins. Eh bien ! la mer s'est rassemblée
dans ces cavités, et les parties élevées seules, qui
dépassent le niveau de la mer, forment les terres.

Dans les pages qui précèdent, il a souvent été
question de la mer. On vous a dit que l'humidité
de l'air vient en grande partie de la mer, et que
les rivières se déversent continuellement dans ce
même réservoir d'eau où viennent également se
décharger tous les débris enlevés à la surface du
sol. Nous allons maintenant étudier d'un peu
plus près quelques-uns des traits principaux de
la mer.

II. — Pourquoi la mer est salée.

Si vous examinez l'eau de mer, vous la trouvez différente de l'eau de source ou de pluie que vous connaissez ; elle en diffère surtout parce qu'elle est salée. Elle contient quelque chose que vous ne remarquez pas dans l'eau ordinaire ou de rivière. Si vous faites évaporer une goutte d'eau de source sur une plaque de verre, elle ne laisse aucune trace. L'eau de source, comme nous l'avons vu, contient toujours certaines substances minérales en dissolution, et ces matières, ne pouvant s'élever en vapeur, restent en arrière quand l'eau s'évapore. Une seule goutte d'eau en contient si peu, cependant, qu'elle ne laisse en séchant aucune tache, aucune pellicule visible. Faites évaporer au contraire une goutte d'eau de mer, vous trouverez un petit point blanc, un petit dépôt, et, en plaçant ce dépôt sous un microscope, vous verrez qu'il est formé de cristaux cubiques de sel commun extrêmement délicats, mélangés avec d'autres cristaux très-minces où le gypse domine.

D'où est venue toute cette matière minérale

contenue dans la mer? On est porté à croire que
la mer a toujours été salée depuis qu'elle s'est
condensée dans l'atmosphère de gaz et de vapeur
qui enveloppait la terre. Il existait sans doute en
abondance des vapeurs de sel dans cette chaude
atmosphère primitive.

La mer, d'ailleurs, reçoit encore du sel de la
terre. Nous avons montré comment, sur la surface de la terre et au-dessous de cette surface,
l'eau dissout toujours, dans les roches, diverses
substances minérales dont le sel fait partie. L'eau
des sources et des rivières contient donc du sel,
et celui-ci se rend à la mer. Chaque année, dans
le monde entier, il doit y avoir d'énormes quantités de sel déversées dans l'Océan.

La mer abandonne par évaporation autant
d'eau qu'elle en reçoit de la pluie et des rivières;
mais le sel reste en arrière. Si vous faites évaporer de l'eau salée, l'eau pure disparaît et le sel
reste.

Il en est de même avec la mer. Les cours
d'eau y apportent chaque jour de nouvelles quantités de sel. Chaque jour aussi, des millions de
tonnes d'eau passent en vapeur de l'Océan dans
l'atmosphère. Les eaux de la mer doivent par

conséquent devenir de plus en plus salées, mais l'augmentation est extrêmement lente.

Quoique la salure de l'eau de mer ait probablement augmenté progressivement depuis que les fleuves commencèrent à se déverser dans l'Océan, elle est loin d'être aujourd'hui aussi salée qu'elle pourrait l'être. Dans l'océan Atlantique, par exemple, la quantité totale des différents sels ne se monte qu'à trois et demi pour cent. Dans la mer Morte, au contraire, qui est extrêmement salée, la proportion atteint vingt-quatre pour cent.

III. — Les mouvements de la mer.

Debout sur un point quelconque des côtes anglaises, vous pouvez, en examinant un instant la surface de la mer, remarquer combien elle est agitée. Même par les journées d'été les plus calmes, elle présente de légères ondulations, de faibles soulèvements ; d'autres fois, de petites lames se profilent près des terres et viennent mourir en longues lignes sur le rivage ; parfois aussi, quand s'élève une tempête, vous voyez l'eau se tourmenter, se diviser en grosses vagues qui, couronnées d'écume, viennent en se heurtant et en bouillonnant se briser sur les côtes.

En poursuivant plus longtemps votre examen, vous trouverez que, calme ou agitée, la mer ne conserve pas toujours la même limite sur le rivage. A un certain moment du jour, le bord de l'eau atteint le sommet de la plage inclinée; environ six heures après, elle se retire jusqu'à la partie inférieure. Vous pouvez la voir monter et descendre, chaque jour, chaque année, avec tant de régularité que son mouvement peut être prédit longtemps d'avance. Ce *flux* et ce *reflux* de la mer forment ce que l'on appelle les *marées*.

Si vous jetez dans la mer une bouteille vide bien bouchée, elle flottera naturellement, mais elle ne restera pas longtemps au point où elle est tombée. Elle commencera à s'éloigner et pourra parcourir un très-long trajet avant d'être jetée de nouveau sur quelque rivage. On a vu des bouteilles ainsi jetées au milieu de l'Océan parcourir plusieurs centaines de milles. Ce *mouvement de surface* de l'eau de mer correspond généralement à la direction du vent dominant.

Mais l'eau de la surface n'est pas seule à se

mouvoir. Vous savez que les icebergs, si considérables qu'ils puissent apparaître, possèdent une partie immergée environ sept fois plus forte. Or il arrive quelquefois de voir un iceberg se diriger dans un sens opposé à celui d'un fort vent. Ce fait montre qu'il se meut non sous l'impulsion du vent, mais sous celle d'un courant sous-marin. La mer, en un mot, est traversée par de nombreux *courants*, les uns allant des régions froides aux régions chaudes, les autres en sens inverse.

Voici donc quatre traits saillants de la mer :

1º Sa surface est agitée, sillonnée de rides et de vagues.

2º Elle est constamment soulevée par le flux et le reflux des marées.

3º Les eaux de la surface suivent l'impulsion du vent.

4º Elle possède des courants, comme l'atmosphère.

Nous ne nous occuperons pour le moment que du premier de ces faits, les *vagues de la mer*.

Vous pouvez ici encore éclaircir à l'aide d'objets familiers ce qui se passe sur une immense échelle dans la nature. Prenez un bassin ou un long baquet d'eau, et soufflez sur l'eau à une extrémité.

GEIKIE. — XLIX.   10

Vous formez ainsi à la surface des rides qui, comme vous l'observez, partent de l'endroit où votre souffle frappe l'eau en premier lieu et continuent à rouler jusqu'à ce qu'elles se brisent en petites vagues sur le bord opposé du bassin.

Le procédé que vous appliquez en petit est le même qui donne naissance aux vagues de la mer. Toutes ces perturbations de la surface unie de la mer sont dues aux perturbations de l'air. Le vent agit sur l'eau de la mer comme votre souffle agit sur celle du bassin. En fouettant la surface, il y forme des rides et des ondulations auxquelles il donne, en continuant à souffler, une force additionnelle, et qui finissent, sous l'impulsion d'un vent furieux, par se réunir en énormes vagues.

Quand les vagues roulent sur la terre, elles viennent l'une après l'autre se briser sur le rivage, comme vos rides se brisaient sur les bords du bassin. Elles continuent à rouler après que le vent a cessé, de la même manière que les rides du bassin continuent à se dérouler un certain temps après que vous avez fini de souffler. La surface de la mer, comme celle de l'eau en général, est très-sensible. S'il s'y forme des ondula tions, elle ne reste pas immobile du moment où la cause de son agitation a disparu ; elle continue à se mouvoir de la même façon, mais à un degré qui va toujours en décroissant, et n'arrive au repos que peu à peu.

L'agitation de la surface de la mer devient ainsi en quelque sorte le miroir de l'agitation de l'air. C'est le mouvement continuel en tous sens des courants, faibles ou violents, de l'atmosphère, qui sillonne de vagues la surface de l'Océan. Quand l'air est calme pendant un certain temps, la mer s'endort paisiblement ; quand le ciel s'obscurcit et qu'une tempête éclate, la mer se déchire en vagues qui roulent et se brisent avec une force énorme sur la terre.

Vous avez entendu parler de l'action destructive des vagues de la mer ; peut-être même en avez-vous été témoin. Chaque année, des jetées, des digues sont brisées, des parties de la côte sont emportées, les rivages sont semés des débris des vaisseaux. Ainsi, à part les ravages que la pluie, la gelée et les torrents font subir à la surface de la terre, un autre mode de destruction va s'opérant le long des côtes.

Sur les côtes rocheuses, on peut quelquefois

suivre d'une façon frappante le progrès de l'érosion des terres. Au-dessus du rivage s'élève une
falaise dont la base subit incessamment le choc
violent des vagues. Çà et là, une caverne s'est
creusée dans la muraille solide, un tunnel s'est
percé dans la tête d'un cap. Un peu plus loin,
nous remarquons un haut pilier de rocher, jadis
partie intégrante de la falaise principale, et qui
s'en est trouvé séparé par la chute et l'enlève-
ment de la voûte qui les unissait.

Plus loin de la falaise, isolés, des rochers montrent leur tête à marée basse, pour indiquer où
s'élevaient des piliers détachés, encore plus anciens. Au large enfin, l'écume des brisants mar-
que l'emplacement de quelque récif sous-marin,
où nous voyons les restes d'une ligne de côtes
plus ancienne encore. Nous voyons clairement
sur ce rivage la méthode qu'emploie la mer pour
envahir les terres.

Sur certains points des côtes de l'est de l'Angleterre, où la roche est tendre, la mer pénètre
dans les terres à raison de deux ou trois pieds
chaque année. Des villes et des villages qui exis-
taient il y a peu de siècles ont disparu un à un,
et leurs emplacements sont aujourd'hui bien loin

sous les eaux inquiètes de la mer du Nord. Sur les côtes ouest de l'Irlande et de l'Écosse, où les roches sont d'ordinaire dures et résistantes, la vitesse de l'érosion a été relativement faible.

Il sera digne de votre attention, la première

Fig. 24. — Ligne de côtes rongées par la mer.

fois que vous vous trouverez sur la côte, d'étudier les moyens que prend la mer pour attaquer la terre. Vous vous en rendrez aisément compte sur une plage rocheuse. Gagnez quelque partie sableuse ou graveleuse de cette plage, où viennent se briser les vagues, et fixez les yeux sur l'eau qui

retourne en arrière après la rupture du flot. Tous
les grains de sable ou de gravier descendent la
pente avec l'eau, et, si le gravier est rude, ses
pierres en se heurtant font entendre un bruit de
grincement souvent assez fort pour être perçu
à plusieurs milles. Mais une nouvelle vague arrive
en se déroulant ; le sable et le gravier, qui ont
ralenti leur descente, sont saisis par la vague
montante et entraînés de nouveau sur la plage,
pour être ensuite ramenés en arrière quand l'eau
se retire et fait place à une autre vague qui fera
la même besogne.

Ce mouvement continuel de l'eau qui monte
et descend frotte le sable et les pierres de la
plage, comme le ferait un moulin. Elles s'usent
par conséquent, deviennent plus petites et se réduisent enfin en sable qui est balayé par la mer
ou se dépose dans ses profondeurs.

Non-seulement les matériaux détachés sur le
rivage subissent de la sorte une usure continuelle,
mais les roches solides sous-jacentes, dès qu'elles
paraissent à la surface, sont usées par le même
procédé. Quand les vagues déferlent contre une
falaise, elles lancent en avant les pierres détachées qui vont battre les roches. Çà et là, sur

quelque point plus faible, dans quelque crevasse
de la falaise, ces pierres se réunissent ; quand la
mer monte, elles tourbillonnent et usent la base
de la falaise, si bien qu'enfin une véritable caverne se trouve creusée par la mer dans la roche
solide, d'une façon qui ressemble fort, vous vous
rappelez, à celle dont les trous se creusent dans
le lit d'une rivière. Les pierres, naturellement, se
réduisent en sable pendant l'opération, mais elles
sont remplacées par d'autres qu'apportent les vagues. Si vous pénétrez à marée basse dans une
de ces cavernes marines, vous verrez comme les
parois et le toit en sont polis, comme sont arrondies et usées les pierres qui gisent sur le sol.

IV. — Le fond de la mer.

Pour autant que nous sachions, le fond de la
mer ressemble fort à la surface de la terre. Il
possède des hauteurs et des creux, des lignes de
vallées et des chaînes de collines. Nous ne pouvons voir le fond quand l'eau est profonde, mais
nous pouvons descendre une longue corde munie
d'un poids, mesurer la profondeur de l'eau et
savoir si le fond est fait de roche ou de gravier,

de sable , de limon ou de coquillages. Cette mesure des profondeurs marines s'appelle *sondage*,
et le poids qu'on attache à la corde porte le nom
de *plomb de sonde*.

Des sondages ont été faits sur des points nombreux de la mer, et on connaît aujourd'hui plus
ou moins son fond, bien qu'il reste encore beaucoup à découvrir. L'océan Atlantique est le mieux
connu. On a atteint en le sondant, avant de pla-
cer le câble télégraphique qui réunit sous la mer
notre pays à l'Amérique, une profondeur de
14,500 pieds ou trois milles trois quarts. Plus
récemment, à cent milles environ au sud de l'île
Saint-Thomas, on a fait un sondage de près de
quatre milles et demi. Si vous pouviez soulever
le mont Blanc, qui est, avec ses 15,744 pieds, la
plus haute montagne de l'Europe, et le déposer
au point le plus profond de l'Atlantique, non-
seulement il disparaîtrait à nos yeux, mais son
sommet se trouverait à près d'un mille et demi
en-dessous de la surface.

Une grande partie de l'Océan doit avoir une
profondeur de deux milles, mais elle n'est pas
partout aussi grande, car, même en pleine mer,
certains points du fond s'élèvent à la surface et

forment des îles. En général, elle augmente dans les régions éloignées de la terre et diminue aux approches de celle-ci. Les parties de la mer qui s'étendent entre les îles et les promontoires sont, pour la plupart, relativement peu profondes. A l'ouest de la Grande-Bretagne s'étend le vaste océan Atlantique ; à l'est, la mer du Nord, d'étendue beaucoup moindre. Le premier devient rapidement très-profond en se dirigeant à l'ouest ; la dernière ne se creuse jamais beaucoup, même dans sa partie centrale, où la profondeur n'atteint nulle part 400 pieds. Vous pouvez vous faire quelque idée de la faible profondeur de la mer entre l'Angleterre et la France par ce fait que la cathédrale de Saint-Paul, à Londres, déposée au milieu du détroit de Douvres, en dépasserait les eaux de plus de moitié.

La façon d'opérer les sondages se saisit aisément, mais on comprend aussi la difficulté de manœuvrer une ligne de sonde de plusieurs milles de longueur. On est cependant parvenu non-seulement à mesurer la profondeur de l'eau, mais, au moyen de l'instrument appelé *drague*, à retirer même des parties les plus profondes de l'Océan des échantillons de tout ce qui peut se trouver au fond. On a recueilli de cette manière, pendant ces dernières années, un grand nombre de renseignements sur la nature du fond de la mer et sur les espèces de plantes et d'animaux qui y vivent. Nous savons aujourd'hui que, même dans les plus grandes profondeurs draguées, il y a abondance de vie animale, de coquillages, de coraux, d'étoiles de mer et d'êtres encore inférieurs.

Au début de ce livre, nous avons décrit quelques-uns des changements qui s'opèrent chaque jour à la surface de la terre. Examinons maintenant quelques-uns de ceux qui ont lieu au fond de la mer. Nous ne pouvons, il est vrai, l'étudier avec le même détail que la surface de la terre, mais nous pouvons apprendre beaucoup de ce qui le concerne.

Si vous groupez quelques-unes des opérations que nous avons dépeintes dans les pages qui précèdent, vous pourrez vous rendre compte des changements qui s'opèrent au fond de la mer. Tâchez, par exemple, de vous figurer ce que devient le produit de la destruction des roches qui chaque année est enlevé de la surface de la terre. Comme vous l'avez vu, il est transporté dans la

mer par les cours d'eau; mais là, que devient-il?
Depuis le moment où elle s'est détachée des
flancs des montagnes, des collines ou des vallées,
cette matière décomposée a toujours cherché,
comme l'eau, un niveau plus bas. En atteignant
les cavités du fond de la mer, elle ne peut descendre au delà et doit nécessairement s'y accumuler.

Il est évident donc qu'entre le fond de la mer
et la surface de la terre il doit y avoir cette différence essentielle que, tandis que la terre subit
une destruction continuelle de sa surface depuis
le sommet des montagnes jusqu'à ses rivages, le
fond de la mer, au contraire, reçoit constamment
des matériaux nouveaux. L'un s'accroît à mesure
que l'autre diminue, de sorte que, même sans
rien connaître du résultat des sondages profonds,
vous pouvez affirmer avec confiance qu'il doit se
déposer chaque année de grandes quantités de
gravier, de sable et de limon au fond de la mer,
parce que vous savez que ces matières ont été
détachées de la terre.

De plus, vous avez appris que l'agitation incessante de la mer est due aux mouvements de l'air,
et que la destruction qu'elle fait subir aux terres

est due principalement à l'action des vagues
produites par le vent. Cette action cependant n'a
lieu qu'à la surface, et l'influence des vagues ne
peut atteindre le fond d'une mer profonde. Ce
fond est par conséquent à l'abri des différents
genres de destruction qui altèrent la face de la
terre. Les matières qui proviennent de l'érosion
peuvent séjourner au fond de l'Océan sans être
autrement dérangées que par le flot tranquille
des courants sous-marins profonds.

Qu'advient-il donc du gravier, du sable et du
limon quand ils atteignent la mer?

Toutes ces matières, étant amenées de la terre,
s'accumulent sur les points voisins de celle-ci,
plutôt que plus loin. Nous pouvons nous attendre
à trouver des bancs de sable et de gravier dans
les mers peu profondes et près des côtes, mais
non au milieu de l'Océan.

Vous pouvez vous figurer, sur une petite échelle,
la manière dont les matériaux se disposent au
fond de la mer, en examinant le lit d'une rivière
dans une saison de sécheresse. Ici, où le courant
était violent, vous pouvez voir un banc de gravier;
ailleurs, où les courants se heurtaient, vous trouverez peut-être une bande de sable qu'ils y ont

accumulée ; aux endroits où le courant était plus doux, le lit est couvert d'une couche de boue fine, de limon. Vous vous rappelez qu'une rivière boueuse peut déposer son limon quand elle inonde ses bords et s'étend sur un pays plat qui finit par arrêter sa course.

Plus un courant est puissant, plus grosses sont les pierres qu'il emporte. On ne trouvera donc probablement du gravier volumineux que près de la terre, où les vagues peuvent l'entraîner jusqu'aux forts courants sous-marins. Le sable est entraîné plus loin et se dépose en longues bandes, ou en bancs. Le limon et la boue, plus légers, peuvent être portés par les courants pendant des centaines de milles, avant de finir par se déposer au fond de la mer.

Ainsi, en raison de la proximité de la terre et de la force des courants, le sable, le limon et le gravier, arrachés à la terre, se répandent en larges bancs sur le fond de la mer.

La mer, cependant, est pleine de vie, végétale et animale. Ces organismes meurent, et leurs restes se mêlent nécessairement aux différentes matières déposées au fond. De la sorte, outre le sable et le limon, un grand nombre de coquil-

lages, de coraux et les parties dures d'autres êtres,
restent là ensevelis, à mesure que les générations succèdent aux générations.

Il arrive souvent qu'en certains points ces restes
d'animaux sont si abondants, qu'ils forment eux-
mêmes des dépôts épais et étendus. Les huîtres,
par exemple, sont étroitement groupées, et leurs
coquilles, mêlées à celles d'autres créatures sem-

Fig. 25. — Ile formée par les polypes du corail.

blables, forment ce qu'on appelle *bans de coquilles*. Dans l'océan Pacifique et l'océan Indien
un petit animal, le polype, secrète une substance
calcaire très-dure, et, comme ces polypes sont
groupés par millions, ils forment de grands
récifs de roche solide qui ont quelquefois,
comme dans la grande ceinture de récifs de
l'Australie, des centaines de pieds de profondeur

et des milliers de milles de longueur. C'est le développement de ces animaux qui forme ces merveilleux anneaux ou *îles de corail* au milieu de l'Océan.

Enfin, une grande partie du lit de l'océan Atlantique est couverte d'un limon très-fin, qu'on trouve formé presque entièrement des restes d'animaux microscopiques appelés *foraminifères*.

Des lits considérables de sable et de limon, mêlés aux restes des plantes et des animaux, s'accumulent donc sans cesse sur le fond de la mer. Si l'on pouvait soulever ce fond au-dessus du niveau des eaux, bien que le sable et le li- mon puissent paraître aussi secs et aussi durs que n'importe quelle roche terrestre, vous pourriez dire avec certitude qu'ils ont séjourné sous la mer, car vous y trouveriez les coquilles et d'au- tres restes d'animaux marins.

Vous apprendrez en étudiant la géologie que ce soulèvement du fond de la mer s'est souvent produit aux époques anciennes. Vous verrez que la plupart des roches de nos collines et de nos vallées ont été à l'origine déposées dans la mer, où elles furent formées par le sable et le limon entraînés au fond, comme ils le sont encore de nos jours. Vous pouvez recueillir dans ces roches, non-seulement près du rivage, mais fort loin à l'intérieur des terres, dans les carrières ou les ravins, les squelettes et les restes des différents êtres marins qui vivaient dans les mers anciennes.

Puisque le fond de la mer forme le grand réceptacle où viennent continuellement se déverser les débris arrachés à la surface de la terre, il est évident que si cet état de choses se continuait sans modification ou sans obstacle, la masse entière de la terre ferme finirait par être emportée, et ses restes se répandraient sur le fond des mers, laissant un seul et vaste océan rouler ses flots sur tout le globe.

Mais il est dans la nature une autre force dont l'action vient retarder la destruction de la terre. Nous allons, dans les dernières pages de ce livre, considérer la nature de cette force et son mode d'action.

CHAPITRE VI

L'INTÉRIEUR DE LA TERRE

Votre attention s'est portée précédemment sur la surface de la terre et ce qui s'y passe. Considérons maintenant quelques instants ce que nous pouvons connaître de l'intérieur de la terre.

Il semblerait, à première vue, que ce soit chose impossible à l'homme de connaître jamais rien de l'intérieur du globe. Songez quelle immense boule est la terre, et vous verrez qu'après tout, nous qui vivons et nous mouvons à sa surface, nous sommes pareils à des mouches gravissant une grande montagne. Tout ce que nous pouvons voir depuis le sommet du mont le plus élevé jusqu'au fond de la mine la plus profonde ne représente que le vernis extérieur d'une sphère scolaire. On peut cependant ap-

prendre bien des choses sur ce qui se passe au-
dedans de la terre. Il y a dans différentes contrées des endroits où il existe des communications entre l'intérieur et la surface, et c'est de là
que nous tirons la plupart de nos informations à
ce sujet.

Vous avez lu sans doute bien des descriptions
de *volcans*; ce sont les plus importantes des
communications avec l'intérieur.

Supposons que vous visitiez un de ces volcans
peu de temps avant ce qu'on appelle une « éruption ». Vous découvrez une montagne conique
dont il semble qu'on ait enlevé le sommet. De
ce sommet tronqué s'élève un nuage blanc, mais
qui ne ressemble pas à ceux que vous voyez flotter dans notre pays sur les collines. Vous remarquez en effet qu'il s'élève du sommet de la montagne, alors même qu'on ne découvre partout
ailleurs aucune trace de nuage. En partant de
la végétation des assises inférieures, les parois
sont formées en partie de pierres détachées et
de cendres, en partie de plaques de roche dure
et noire, semblables à des scories de fourneau.
En approchant du sommet, le sol s'échauffe, et
des bouffées de vapeur mélangées à des fumées

suffocantes s'en échappent çà et là. Vous attei-
gnez enfin le sommet, et ce qui vous semblait
une plate-forme vous apparaît en réalité comme
un grand bassin dont les parois escarpées s'enfoncent dans les profondeurs de la montagne.

Fig. 26. — Vue d'un volcan. Aspect actuel du Vésuve,
vu du sud.

En abritant du mieux que vous pouvez votre
figure contre les gaz brûlants qui vous suffo-
quent, vous rampez jusqu'au bord de ce bassin
et vous y jetez les yeux. Tout au fond, à la base
des roches rouges et jaunes qui forment les
parois, s'étale une plaque liquide, portée au

rouge blanc, mais recouverte en grande partie
d'une croûte noire pareille à celle que vous
avez remarquée sur les flancs de la montagne
pendant l'ascension. De cette mare de feu, des
jets du liquide incandescent s'élancent de temps
en temps; des pierres et de la poussière sont
lancées dans l'air et retombent de toutes parts; des
nuages de vapeur s'échappent de la même
source et forment ce nuage qu'on voit à grande
distance suspendu sur la montagne.

Cette cavité en forme de chaudron du sommet
de la montagne est le *cratère*. Le liquide incandescent qui bouillonne au fond est de la roche
fondue ou *lave*, et les matières, telles que les
cendres, la poussière, les scories et les pierres,
qui sont projetées, sont arrachées des parois
durcies et du fond du cratère par la violence
des explosions qui accompagnent le dégagement
des gaz et de la vapeur.

L'air chaud, la vapeur et la masse fondue du
fond du cratère montrent qu'il doit y avoir quelque source de chaleur souterraine intense. Cette
chaleur, qui se dégage depuis des centaines et
même des milliers d'années, doit exister là en
grande abondance.

Mais c'est surtout quand le volcan est en éruption active que le pouvoir de cette chaleur apparaît dans toute sa force. Pendant un jour ou deux auparavant, le sol tremble autour de la montagne. Enfin, à l'aide d'une série d'explosions violentes, le cœur du volcan se déchire, et parfois sa partie supérieure est projetée dans les airs. D'épais nuages de vapeur se massent dans le ciel, mélangés de poussières fines et de pierres rougies. Les pierres les plus lourdes retombent dans le cratère ou sur les pentes extérieures de la montagne; mais les cendres, plus fines, sont emportées en telle quantité qu'elles obscurcissent parfois le ciel sur une étendue de plusieurs milles, et recouvrent le pays environnant comme d'un épais tapis. Des torrents de lave fondue incandescente coulent sur les flancs de la montagne et descendent jusqu'aux jardins et aux maisons de la base, en brûlant et recouvrant tout ce qui se trouve sur leur route. Cet état de choses se continue pendant des jours ou des semaines, jusqu'à ce que le volcan s'épuise, et est suivi d'une période de tranquillité relative, marquée seulement par un dégagement de vapeur, de gaz brûlants et de fumée.

Il y a environ 1800 ans, il y avait près de Naples une montagne de forme volcanique, surmontée d'un vaste cratère couvert de broussailles (fig. 27). Personne n'avait jamais vu aucune fumée, aucunes cendres, aucune lave s'en échapper, et nul ne s'imaginait que ce fût un

Fig. 27. — Aspect du Vésuve avant la destruction de Pompeï.

volcan semblable à quelques autres qu'on rencontre dans cette partie de l'Europe. Des villages, des villes s'étaient élevés autour de sa base, et ce site, par sa beauté et la douceur de son climat, attirait les riches Romains, qui s'y bâtissaient des villas. Tout à coup, presque sans avertissement, toute la partie supérieure de la

montagne fut lancée dans les airs avec des
explosions terribles. Une pluie si épaisse de
cendres fines tomba sur tout le pays que le ciel
était aussi obscur qu'en pleine nuit. Jour et nuit,
les cendres et les pierres tombèrent sur le pays
environnant; beaucoup d'habitants perdirent la
vie, tués par la chute des pierres ou suffoqués
par la poussière. Quand enfin l'éruption cessa,
cette contrée, qui attirait des visiteurs de toutes
les parties du monde, n'était plus qu'un désert de
pierres et de poussière grise. Villes et villages,
vignobles et jardins, tout était enseveli. Parmi
les villes, les deux plus renommées s'appelaient
Herculanum et Pompéï. Elles disparurent si complètement que, malgré leur importance passée,
leur emplacement même fut oublié et qu'un
accident seul le fit retrouver après quinze siècles.
Des fouilles y ont été pratiquées depuis lors; les
amas volcaniques durcis ont été enlevés de
l'antique cité, et vous pouvez aujourd'hui parcourir les rues de Pompéï, avec leurs maisons et
leurs boutiques découvertes, leurs théâtres et leurs
temples, et remarquer sur la chaussée les
ornières profondes creusées, il y a dix-huit siècles,
par les roues des chars pompéïens. Au delà des

murs de la ville aujourd'hui silencieuse se dresse le mont Vésuve, avec son cratère fumant, couvrant la moitié de l'ancienne montagne qui fut renversée lors de la disparition de Pompeï.

Les volcans marquent donc la position de quelques-uns des orifices par où les matières brûlantes, de l'intérieur de la terre sont projetées à la surface. Il s'en trouve dans toutes les parties du globe. En Europe, outre le Vésuve qui a été plus ou moins actif depuis sa formation, on rencontre dans le bassin de la Méditerranée l'Etna, le Stromboli et d'autres volcans plus petits; beaucoup plus loin, au nord-ouest, quelques volcans en activité s'élèvent au milieu des neiges et des glaciers de l'Islande. En Amérique, une série de grands volcans se rattache à la chaîne de montagnes qui s'appuie sur le bord occidental du continent. En Asie, ils sont étroitement groupés dans Java et quelques-unes des îles voisines; ils s'étendent de là à travers le Japon et les îles Aléoutiennes, jusqu'à l'extrémité de l'Amérique du Nord. Si vous suivez cette distribution sur la carte, vous verrez que l'océan Pacifique est entouré d'une ceinture de volcans.

Puisque ces ouvertures donnant accès à l'inté-

Fig. 28. — Source jaillissante d'eau chaude ou *Geyser*.

rieur de la terre sont si nombreuses à la surface,
nous pouvons en conclure que la chaleur qui
règne dans cet intérieur est intense. Nous en
avons d'autres preuves. Dans beaucoup de pays,
des sources chaudes jaillissent à la surface. En Angleterre même, fort éloignée pourtant de tout volcan en activité, l'eau des puits de Bath est tout à
fait chaude (120° Fahr.). On sait aussi que partout la chaleur augmente en s'enfonçant dans la
terre. Plus une mine est profonde, plus les roches
et l'air s'échauffent. Si la chaleur continue à
augmenter dans la même proportion, les roches
doivent être chauffées au rouge non loin de
nous.

Ce n'est pas seulement par les volcans et les
sources chaudes que la chaleur intérieure de la
terre affecte la surface. La terre ferme est sujette
à trembler, à se déchirer entièrement, à se soulever et à s'abaisser. Vous avez probablement
entendu parler des *tremblements de terre*, ces
ébranlements du sol qui, au moment de leur
plus grande violence, entr'ouvrent la terre, ren-
versent les arbres et les maisons et enseve-
lissent sous les ruines des milliers de personnes.

Les tremblements de terre sont surtout communs à proximité des volcans en activité. Ils pré-

Fig. 29. — Fente produite dans une montagne par un tremblement de terre.

cèdent souvent de fort peu une éruption volcanique.

Certaines parties de la terre s'élèvent lentement au-dessus de la mer; des roches, que couvraient

toujours les marées, finisssent par se trouver
entièrement hors de leurs limites ; d'autres, qui
étaient invisibles, commencent à montrer leurs
têtes au-dessus de l'eau. D'un autre côté, certaines
régions s'enfoncent lentement ; des jetées, des
digues, d'anciennes constructions sur le rivage
sont l'une après l'autre enveloppées par la mer
qui empiète de plus en plus sur les terres. Ces
mouvements ascendants ou descendants sont
toujours dus d'une façon ou de l'autre à la chaleur intérieure.

En réfléchissant à ces différents changements,
vous verrez que l'action de cette même chaleur
intérieure sert à préserver les terres de la surface. Si la pluie et la gelée, les rivières, les glaciers et la mer attaquaient continuellement cette
surface sans aucune action pour contrebalancer
la leur, la terre finirait nécessairement par disparaître et aurait réellement disparu depuis
longtemps. Mais, grâce aux soulèvements pro-
duits par les mouvements des matières intérieures
en ignition, certaines régions élèvent leur niveau,
tandis que le fond de la mer, en s'exhaussant,
forme des terres nouvelles.

Ce genre de soulèvement s'est produit bien

des fois sur tous les points du globe. Comme nous l'avons déjà fait remarquer, la plupart de nos collines et de nos vallées sont formées de roches qui furent à l'origine déposées au fond de la mer et ont formé par la suite des terres en s'élevant.

CONCLUSION

— ·

Retraçons en forme de conclusion les faits principaux examinés par nous.

La terre que nous habitons est le théâtre de mouvements et de changements continuels. L'atmosphère qui l'enveloppe est continuellement en mouvement, dégageant de la chaleur, de la lumière et de la vapeur. De la mer et de toutes les eaux en général, des vapeurs passent constamment dans l'air d'où, après s'être condensées en nuages, en pluie et en neige, elles redescendent sur la terre. Sur toute la surface terrestre, l'eau qui tombe du ciel se dirige par les ruiseaux et les rivières vers la mer, versant dans ses profondeurs les matières arrachées à la terre. L'eau circule ainsi sans cesse entre l'air, la terre et la mer. La mer de son côté n'est jamais en repos.

Ses vagues rongent les rivages, et ses courants
font le tour du globe. Les dépouilles terrestres
vont se déverser dans ses profondeurs et s'y réunissent en roches qui formeront à un moment
donné des îles et des continents nouveaux. Enfin,
à l'intérieur de la terre se trouve un vaste magasin
de chaleur qui ébranle, déchire, soulève et abaisse
la surface. De la sorte, tandis que les terres
anciennes sont submergées par la mer, de nouvelles régions s'élèvent, se couvrent de végétation, se peuplent d'animaux et finissent par
offrir un habitat convenable à l'homme, lui-
même.

Ce monde n'est pas un être vivant, comme la
plante ou l'animal, mais vous voyez qu'il possède
un sens qui nous permet de le regarder comme
tel. La circulation de l'air et de l'eau, les réac-
tions de la terre et de la mer, en un mot ce
système de mouvement sans fin qui change et
renouvelle chaque jour la face du globe, peut à
bon droit s'appeler la Vie de a Terre.

APPENDICE

COMMENT LA GLACE DES ALPES TIRE SON ORIGINE DE LA CHALEUR DU SOLEIL [1].

Tout phénomène de la nature est précédé de certains phénomènes qui en sont les causes, et suivi d'autres phénomènes qui en sont les effets. L'esprit humain ne se contente jamais d'observer et d'étudier un phénomène isolé, mais il se plaît à rattacher tous les faits naturels à ceux qui les ont précédés et à ceux qui doivent les suivre.

Ainsi, quand nous commençons l'étude des fleuves et des glaciers, l'intérêt de cette étude se trouvera grandement augmenté si nous envisageons non-seulement leurs apparences actuelles, mais encore leurs causes et leurs effets.

Remontons jusqu'à la source d'un fleuve. Si nous le prenons à son embouchure pour le suivre

1. Ce chapitre est extrait de l'ouvrage de M. TYNDALL sur *les Glaciers et les transformations de l'eau* (Bibliothèque scientifique internationale).

en remontant, nous voyons qu'il reçoit de temps
en temps des affluents qui grossissent le volume
de ses eaux. Naturellement, le fleuve lui-même
diminue à mesure que nous dépassons ces affluents. Devenu d'abord ruisseau, ce n'est bientôt
plus qu'un ruisselet, qui se subdivise lui-même
en plusieurs cours d'eau encore plus petits, lesquels finissent par n'être plus que de véritables
filets d'eau. C'est là la source du fleuve, source
qui sort le plus souvent de quelque colline.

Ainsi la Severn prend sa source dans les montagnes du pays de Galles; la Tamise, dans les
monts Cotswold; le Danube, dans les collines de
la forêt Noire; le Rhin et le Rhône, dans les
Alpes; le Gange, dans les monts Himalaya; l'Eu-
phrate, près du mont Ararat; la Garonne, dans
les Pyrénées; l'Elbe, aux monts Géants de la
Bohême; le Missouri, dans les monts Rocheux;
et l'Amazone, dans les Andes du Pérou.

Mais il est bien évident que nous ne sommes
pas encore arrivés à la source véritable des
fleuves. D'où les filets primitifs reçoivent-ils leurs
eaux? Il suffit de vivre un peu dans les montagnes, pour voir que ces filets sont alimentés par
les pluies. Par les temps de sécheresse, ces petits
ruisseaux diminuent, et quelquefois même tarissent entièrement. Par les temps de pluie, ils se
transforment en torrents écumeux. En général,
les petits cours d'eau se perdent sous forme de

petits filets d'eau sur le flanc des collines; mais quelquefois on peut trouver une source bien caractérisée. L'Albula, en Suisse, par exemple, présente, dès son origine, une masse d'eau considérable, qui jaillit du flanc d'une montagne. Mais on reconnaît bientôt que ces sources aussi sont alimentées par les pluies qui, filtrant à travers les rochers ou le sol, s'élancent au jour par quelque orifice qu'elles trouvent ou qu'elles se font à elles-mêmes.

Mais nous ne pouvons nous arrêter là. D'où vient la pluie qui forme les ruisseaux des montagnes? L'observation nous permet de répondre à cette question. La pluie ne vient pas d'un ciel serein; elle vient des nuages. Mais qu'est-ce que les nuages? Dans ce que nous connaissons, n'y a-t-il rien qui leur ressemble? Nous pouvons, sans hésiter, les comparer à la vapeur condensée d'une locomotive. Chaque fois que la machine respire, elle lance au dehors un véritable nuage. Regardez attentivement, et vous verrez que ce nuage prend naissance à une petite distance de la cheminée. Regardez mieux encore, et vous verrez quelquefois un espace tout à fait clair entre la cheminée et le nuage. Cet espace clair doit être traversé par ce qui produit le nuage. Quelle est donc cette substance qui, à un moment, est transparente et invisible, et, le moment d'après, visible sous forme de nuage opaque?

C'est la vapeur qui vient de l'eau de la chaudière.

Dans la chaudière, cette vapeur est transparente et invisible; mais, pour la conserver ainsi invisible, il faudrait une chaleur égale à celle qui existe à l'intérieur de la chaudière. Quand la vapeur se mêle à l'air froid qu'elle rencontre au-dessus de la cheminée, elle cesse d'être à l'état de vapeur. Chaque molécule de vapeur se condense, par le refroidissement, en une molécule d'eau bien plus petite. Les molécules liquides ainsi produites forment une sorte de *poussière d'eau* d'une ténuité extrême, qui flotte dans l'air et prend le nom de *nuage*.

Suivez des yeux le panache qui s'échappe de la cheminée d'une locomotive en mouvement; vous le verrez devenir de moins en moins dense. Il finit par s'évanouir d'une manière complète; et, si vous répétez ces observations, vous ne manquerez pas de reconnaître que la rapidité de sa disparition dépend de l'état de l'atmosphère. Par un temps humide, le nuage reste longtemps visible; par un temps sec, il est rapidement absorbé. Qu'est-il devenu? Il s'est de nouveau transformé en véritable vapeur, en vapeur invisible.

Plus l'air est sec et chaud, plus il peut ainsi dissoudre de nuage. Au moment où le nuage se forme, il est bien trop abondant pour que l'air puisse le maintenir à l'état invisible. Mais, à mesure que le nuage se mêle à une masse d'air plus considérable, il se dissout de plus en plus et finit par passer tout entier de l'état de liquide extrêmement divisé à celui de vapeur transparente ou de gaz.

Fermez hermétiquement le couvercle d'une bouilloire, et laissez échapper la vapeur par le bec : il se formera un nuage tout à fait semblable à celui qui sort de la cheminée de la locomotive.

Faites passer cette vapeur par la flamme d'une lampe à alcool, à mesure qu'elle sort de la bouilloire; le nuage se dissout immédiatement dans l'air chaud et ne se condense plus. Avec une bouilloire et un bec faits exprès, on peut rendre cette expérience plus frappante, mais non plus instructive qu'avec une bouilloire ordinaire.

Regardez les fenêtres de votre chambre, quand la température extérieure est très-basse ; elles ruissellent quelquefois de l'eau qui provient de la condensation de la vapeur aqueuse des poumons. Les carreaux de nos wagons de chemin de fer, en hiver, montrent cette condensation d'une manière frappante. Versez de l'eau froide dans un verre sec, un jour d'été, la surface extérieure du verre est immédiatement ternie par l'humidité qui s'y condense. Par un temps chaud, vous ne voyez pas de vapeur s'échapper de vos lèvres ;

mais, s'il fait froid, il en sort un petit nuage qui est dû à la condensation de la vapeur d'eau fournie par les poumons.

Dans une salle de bal, tant que la porte et les fenêtres restent fermées et que la chambre est chaude, l'air reste transparent; mais, dès que l'on ouvre les portes ou les fenêtres, on voit l'air s'obscurcir un peu par le brouillard que produit la condensation de la vapeur d'eau de la salle de bal. Si le froid extérieur est intense, l'entrée de l'air du dehors peut même déterminer la production de neige. On a observé ce phénomène dans des salles de bal en Russie, ainsi que dans les écuries souterraines d'Erzeroum, quand l'ouverture des portes permettait à l'air froid du matin de pénétrer à l'intérieur.

Même par le temps le plus sec, notre atmosphère contient toujours un peu de vapeur. On peut toujours transformer en gelée blanche la vapeur qui se trouve dans l'air d'une chambre; il suffit pour cela de remplir un vase d'un mélange de glace pilée et de sel; ce mélange, qui est plus froid que la glace, condense la vapeur d'eau et la fait se congeler. La surface du vase finit par se revêtir d'une couche neigeuse assez épaisse pour qu'on puisse l'enlever et en former une boule.

Pour produire le nuage qui s'échappe d'une locomotive ou d'une bouilloire, il faut de la *cha-*

leur. En chauffant l'eau, nous la transformons d'abord en vapeur, puis le refroidissement de cette vapeur en fait un nuage. Existe-t-il dans la nature un feu qui puisse produire les nuages de notre atmosphère? Oui, assurément, et ce feu, c'est le soleil.

Ainsi, lorsque nous remontons un fleuve depuis son embouchure jusqu'à son origine véritable, une chaîne non interrompue de phénomènes nous conduit jusqu'au soleil.

Cependant il existe des fleuves dont les sources diffèrent, à certains égards, de celles dont nous venons de parler. Ils ne viennent pas de filets d'eau sortant des flancs d'une colline; on ne peut, non plus, les remonter jusqu'à une source. Partez, par exemple, de l'embouchure du Rhône, et suivez ce fleuve jusqu'à Lyon, qui est le point où il s'infléchit vers l'est. Vous passez alors par Chambéry, pour arriver enfin au lac de Genève, d'où le fleuve sort; vous pourriez donc être disposé à regarder ce lac comme la source du Rhône. Mais ne vous arrêtez point: poussez jusqu'à l'autre extrémité du lac, et vous y retrouverez le Rhône à son entrée, de sorte que le lac n'est, en réalité, qu'une expansion du fleuve. Remontez celui-ci; vous verrez qu'il reçoit des cours d'eau moins importants sortis des montagnes qui sont à sa droite et à sa gauche. Montez toujours, et vous finissez par arriver à une énorme masse de glace — c'est l'extrémité d'un glacier — qui remplit la vallée du Rhône; et c'est du pied de ce glacier que sort le fleuve. Ainsi c'est le glacier du Rhône qui donne naissance au fleuve.

Mais, ici encore, nous ne sommes pas arrivés à l'origine véritable du fleuve. On reconnaît bientôt que ces premières eaux du Rhône proviennent de la fonte de la glace. On monte sur le glacier et on se dirige vers sa partie supérieure. Au bout d'un certain temps, la glace disparaît et se trouve remplacée par de la neige. Un homme habitué aux montagnes peut monter jusqu'au sommet de cette grande plaine de neige; et, s'il franchit ce sommet et qu'il descende de l'autre côté, il verra encore disparaître la neige et arrivera à un autre glacier, nommé le Trift, du bas duquel sort un fleuve plus petit que le Rhône.

On apprend bientôt que la neige des montagnes alimente le glacier : de manière ou d'autre, la neige se transforme en glace. Mais d'où vient la neige? Comme la pluie, elle vient des nuages, et ceux-ci, nous l'avons déjà vu, proviennent des vapeurs que pompe le soleil. Sans le feu du soleil, nous ne pourrions avoir de vapeur d'eau dans l'atmosphère; sans vapeur, pas de nuages; sans nuages, pas de neige, et sans neige, pas de glaciers. Ainsi, chose curieuse à dire, la glace des Alpes tire son origine de la chaleur du soleil.

TABLE DES MATIÈRES

INTRODUCTION..   3

CHAPITRE I. — La forme de la terre........   15

CHAPITRE II. — Le jour et la nuit..........   23

CHAPITRE III. — L'air....................   29

I.   — De quoi l'air est fait................   29
II.   — Échauffement et refroidissement de
          l'air............................   33
III. — Ce qui arrive quand l'air s'échauffe et
          se refroidit. — Le vent...........   40
IV.   — La vapeur dans l'air. — Évapora-
          tion et condensation.............   46
V.   — Rosée, brouillard, nuages..........   52
VI.   — D'où proviennent la pluie et la neige.   58

CHAPITRE IV. — La circulation de l'eau sur
la terre..............................   65

I.   — Ce que devient la pluie............   65
II.   — Comment se forment les sources....   70
III. — Le travail souterrain des eaux.......   77
IV.   — Comment se désagrège la surface de
          la terre.........................   82

V.   — Ce que deviennent les débris des roches. — Formation du sol......   93

VI.   — Ruisseaux et rivières. — Leur origine.   98

VII.   — Ruisseaux et rivières. — Leur action.   107

VIII.   — Champs de neige et glaciers........   117

CHAPITRE V. — La mer...................   137

I.   — Groupement de la terre et de la mer.   137

II.   — Pourquoi la mer est salée..........   141

III.   — Les mouvements de la mer........   143

IV.   — Le fond de la mer................   151

CHAPITRE VI. — L'intérieur de la terre......   161

Conclusion.................................   175

Appendice. Comment la glace des Alpes provient de la chaleur du soleil, par M. J. Tyndall.................................   177

FIN DE LA TABLE DES MATIÈRES

Coulommiers. — Typog. Paul BRODARD.

Imprimé en France
FROC032102060720
24426FR00010B/245